Tarô de Belline

Tarô de Belline

Martina J. Gabler

© Publicado em 2017 pela Editora Isis.

Revisão de textos: Rosemarie Giudilli
Tradução de: Maria Villarreal
Capa: Equipe técnica Isis
Diagramação: Décio Lopes

DADOS DE CATALOGAÇÃO DA PUBLICAÇÃO

J. Gabler, Martina

Tarô de Belline / Martina J. Gabler | 1ª edição | São Paulo, SP | Editora Isis, 2017.

ISBN: 978-85-8189-096-8

1. Tarô 2. Oráculo I. Título.

EDITORA ISIS LTDA
www.editoraisis.com.br
contato@editoraisis.com.br

Sumário

História

Este famoso Tarô deve o seu nome ao célebre vidente francês Belline, que exerceu a sua arte durante mais de trinta anos, a partir da década de 50. As suas predições no mundo do espetáculo, do esporte e da política fizeram com que ele se tornasse muito conhecido e sua presença era comum em programas de rádio e televisão franceses.

Ele mesmo conta como, em certa ocasião, uma de suas consulentes que por motivos de idade e saúde se mudaria para o interior, o chamou para que olhasse alguns livros e papéis que ela pensava jogar fora, para ver se um deles poderia lhe interessar. Belline aceitou o convite distraidamente, mas logo esqueceu de sua promessa. Foi necessário que a senhora o chamasse de novo e dissesse: "Se você não vem agora, vou queimar tudo". E foi assim, ao examinar uma gaveta cheia de papéis e baralhos, descobriu um jogo que imediatamente o entusiasmou. Tratava-se de um manuscrito composto por um dos maiores videntes do século XIX, chamado Edmond Billaudot, quem por volta de 1845 tinha exercido a sua profissão no número 30 da Rua Fontaine de Paris, curiosamente a mesma rua onde, no número 45 trabalhava Belline. Edmond tinha sido discípulo da célebre vidente mademoiselle Lenormand e entre os seus clientes estavam personagens tão notáveis como Napoleão III, Alejandro Dumas e Victor Hugo. A simplicidade e a beleza do Tarô, criado por Edmond Billaudot, cativaram totalmente Belline, que no ano 1961 o editou com seu nome. A semelhança com o tarô de Etteillla é óbvia, mas eu gostaria de remarcar também a sua relação direta com as teorias de Paul Christian (pseudônimo de Jean Baptiste Pitois 1811-1877) um dos primeiros – alguns afirmam que foi o autêntico precursor – a elaborar um sistema de adivinhação que unia astrologia e tarô. A partir dessa ideia, no século XIX, começaram a aparecer diversos e variados tarôs cujo desenho se afastava do clássico tarô de Marselha.

Função do Tarô

O Tarô de Belline permite analisar com facilidade situações passadas, presentes e futuras, colocando em evidência o que antes era invisível, tornando luminoso o escuro e fazendo consciente o que antes era inconsciente.

Contudo, jamais devemos esquecer que o homem é o artesão e o arquiteto da sua própria vida. Nossos pensamentos, palavras e atos de hoje moldam as vivências que experimentaremos amanhã. O Tarô Belline, portanto, não pretende descobrir o futuro, mais sim ser um instrumento capaz de iluminar nossas construções ocultas, tanto conscientes quanto inconscientes. Nesse sentido, permite ao consulente sentir que em suas mãos está a opção de seguir um caminho ou outro, que o destino não é sempre algo preestabelecido e que, na maioria das ocasiões, somos nós que o construímos com os nossos atos.

Estrutura

O Tarô Belline tem cinquenta e duas cartas, mais a carta azul. Seu autor o construiu baseando-se no simbolismo dos sete planetas clássicos da astrologia. Desse modo, está composto por sete grupos de sete cartas cada um, isto é, 49 cartas, mas é preciso adicionar outras três, alheias a referências planetárias. Essas três cartas importantes são: o Destino, a Estrela do Homem e a Estrela da Mulher.

O desenho das cartas é muito visual, com imagens muito simples e inocentes, quase infantis, mas extraordinariamente sugestivas. Além disso, a palavra ou palavras que servem para denominar cada uma das cartas são de grande ajuda na hora de lembrar seu significado. Dessa forma, mesmo que o usuário esteja pouco acostumado com seu uso, não terá nenhuma dificuldade para lembrar o significado primário de cada uma das cartas.

Naturalmente, uma interpretação profunda vai requerer muito mais do que isso. Como em qualquer outro sistema, será necessário que você mergulhe no significado de cada um dos arcanos e extraia da sua intuição as conotações e as sutilezas de cada carta. Só assim você poderá conseguir, muitas vezes, uma interpretação coerente dos díspares e mesmo opostos significados de cada uma das cartas que formem a tiragem. Portanto, para extrair todo o rendimento que esse poderoso sistema é capaz de dar, é necessário dedicar um tempo à observação e ao estudo sistemático e profundo de cada uma das cartas, tentando capturar um significado que deve ir muito mais além da palavra ou das palavras gravadas nelas. Dessa capacidade de ampliar o significado de cada uma das cartas vai depender a justeza e a exatidão da interpretação, em grande medida. Somente essa ampliação do significado tornará coerentes as mais diversas combinações de cartas. Felizmente, os motivos altamente arquetípicos das cartas do Tarô Belline fazem que a captação do seu significado mais profundo se realize de uma forma mais fácil e natural. É preciso ter apenas certo interesse e determinada atenção aos sinais que cheguem para você, do interior, enquanto você observa tranquilamente cada uma das cinquenta e duas cartas que formam o Tarô. O mais simples seja, antes de tentar qualquer tiragem ou interpretação, dedicar algum tempo para manusear e observar atentamente cada uma das cartas, anotando as ideias e os sentimentos que surjam de dentro de você.

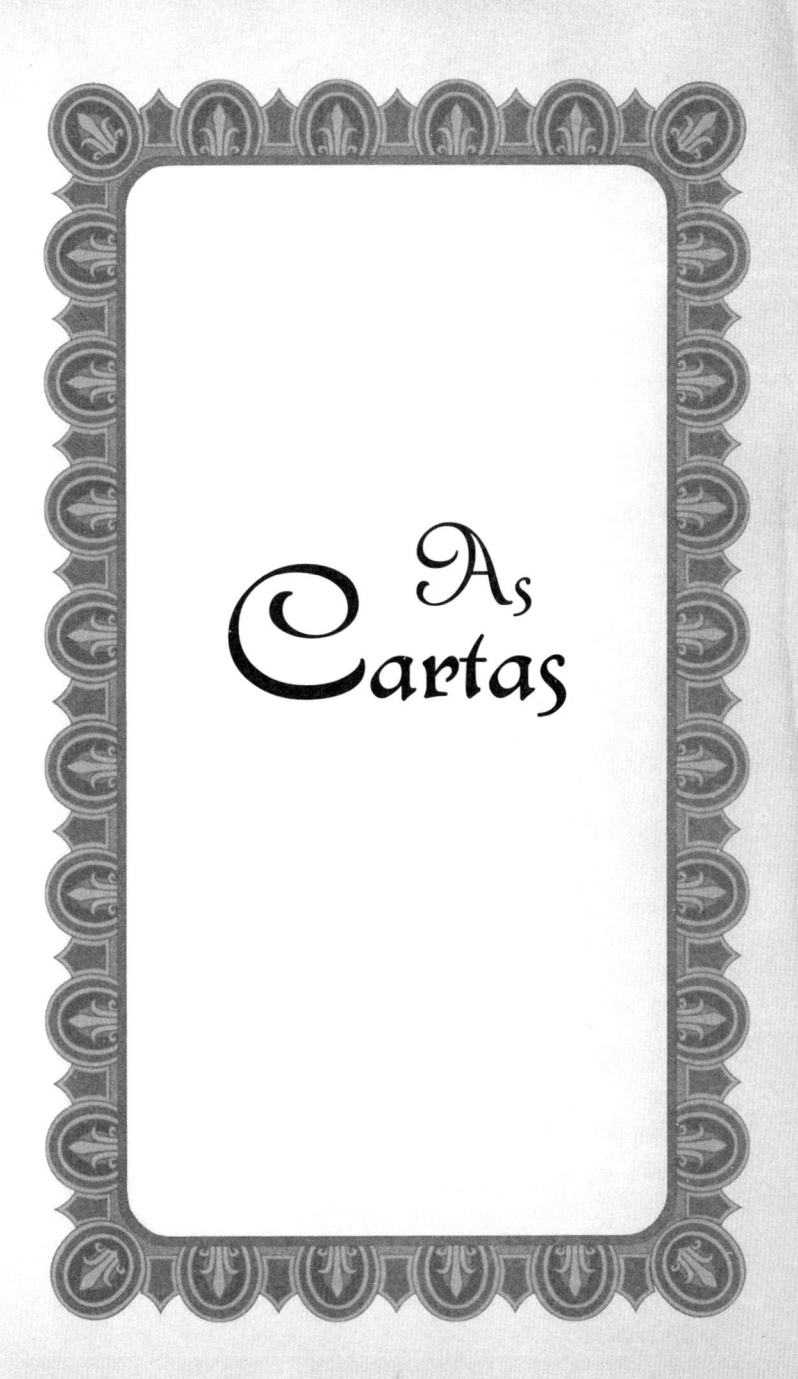

As Cartas

A Carta Azul

Essa carta completamente da cor do céu é sempre benéfica e representa ao mesmo tempo a espiritualidade, a fé, a influência celestial e a ação desinteressada. A sua presença em uma tiragem atenua as dificuldades que possam mostrar as outras cartas. Simplifica e resolve as situações complicadas, afasta os aspectos negativos e traz sempre um potente raio de esperança, mesmo nas situações mais difíceis. Da mesma forma que nas três cartas que vamos ver agora, *a carta azul* não possui conotação astrológica.

Se sair no início, poderá indicar perda de alegria, a não ser que as cartas seguintes apresentem um período estável.

Se sair no meio da leitura, juntamente com outras cartas menos favoráveis poderá indicar períodos menos desfavoráveis, de calmaria e paz.

Se sair no final, nos indica que a paz, a calmaria e a solução dos problemas estão muito próximas.

- **Palavra chave:** Felicidade, proteção, boas oportunidades, alegrias.

As outras três cartas sem influências planetárias

1 - O Destino

1 - 0 DESTINO

A chave que você pode ver nessa carta significa, em primeiro lugar, que você é você mesmo, ou no caso o consulente, quem possui o segredo e o poder do próprio destino. Normalmente, indica a proximidade ou iminência de uma escolha importante, mesmo que, às vezes, possa se tratar de uma revelação (nesse caso, você já fez a eleição antes de nascer).

A presença dessa carta na tiragem significa sempre que o tema consultado tem qualidade transcendente. Você não está perante algo banal ou insignificante, mas sim perante uma etapa crucial de vida, e os acontecimentos ou encontros envolvidos nesse assunto vão ter sem dúvidas repercussões de longo prazo.

Essa chave também abre nada menos do que as portas da sorte, da iniciação e do destino, e a sua aparição traz sempre uma parte de felicidade, uma vez que evoca sua missão na vida, dando sentido às circunstâncias vinculadas com dita missão.

Com a carta do *destino* o consulente deverá tomar consciência de que está perante algo realmente excepcional, algo importante e único. Mesmo que responda ou não aos seus próprios desejos, o fato é que sempre será algo vital para a sua evolução.

Sentimentos: A presença da carta do destino na tiragem indica que os acontecimentos da vida do consulente, de importância única, estão ou estarão no âmbito afetivo. Com frequência indica um compromisso que, às vezes, pode ter sido programado anteriormente a essa existência. Mas, embora, trate de um encontro, de uma ruptura ou de uma decisão que deve ser tomada, sem dúvida, a sua influência se fará sentir de forma permanente na vida da pessoa. No caso em que o consulente esteja atravessando uma situação problemática nesse campo, a previsão dessa carta é muito favorável. Tudo irá melhorar. Tanto as relações afetivas quanto a compreensão dos outros, apresentarão mudança benéfica.

Profissão: Se a consulta esteve relacionada especialmente com o trabalho, você deverá esperar uma promoção e também aumento das suas responsabilidades. É bom ser extremamente cuidadoso, já que, mesmo que a mudança sempre seja positiva, as repercussões da mesma podem ter uma influência importante na vida futura da pessoa. Diversas circunstâncias, com certeza, se unirão para levar você até o sucesso.

Saúde: Apesar da carta do *destino* significar saúde e bem-estar físico, no caso de aparecer associada a uma doença, significa que a mesma tenha importante função relacionada com a evolução do indivíduo, isto é, que através da experiência desses problemas ou mal-estar físico, a pessoa vai compreender e descobrir muitas coisas. Assim, a doença poderia facilitar ou, pelo menos, despertar para importante tomada de consciência.

Espírito: Do ponto de vista espiritual é sempre uma carta chave, visto que facilita a compreensão e a assimilação. O sujeito está em um momento crucial de vida, o que sempre vem acompanhado por certa revolução interior. É preciso assimilar a lição que tudo isso nos traz, pois sempre será para o nosso bem. Por esse motivo, a parte inferior da chave lembra a forma de um livro.

A carta do destino, como primeira figura desse Tarô, é a que abre e a que nos introduz ao destino.

Síntese: Essa chave traz tudo o que você precisa para a realização dos seus projetos, quaisquer que sejam eles. Você está perante alguma coisa realmente importante de sua vida.

2 - A Estrela do Homem

2 – A ESTRELA DO HOMEM

Nessa carta vemos representado o busto de um homem com um penteado egípcio. Sobre a sua cabeça brilha uma estrela de seis pontas, metade clara e a outra obscura. A estrela está formada por dois triângulos entrecruzados: um dos seus vértices aponta até o céu, enquanto que o outro o faz até a cabeça do homem. O penteado egípcio do homem indica que se trata de um iniciado, razão pela qual representa um ideal. Se o consulente é um homem, essa é a carta que o representa. Se a consulente fosse uma mulher, essa carta representaria um homem que ela vai conhecer ou um homem muito significativo na sua vida: talvez seu marido, seu amante, seu pai ou irmão.

Sentimentos: Se o consulente é um homem, essa carta sugere que há todas as possibilidades de serem cumpridos seus desejos no que se refere à questão afetiva. Se a consulente é uma mulher solteira, é indicadora de próximo encontro com um homem. Se a mulher está casada, a carta representará o seu esposo.

Profissão: Se o consulente é um homem, as circunstâncias serão muito favoráveis para alcançar o sucesso profissional que deseja. A sua situação nesse momento é de grande vantagem e força. Ao se tratar de uma mulher, a carta representará um homem que a apóia no seu trabalho ou simplesmente o seu chefe.

Saúde: Se o tema é saúde e o consulente é um homem, ele deverá ter um papel muito mais ativo e responsável no que diz respeito à sua saúde. Se se trata de uma mulher, ela deverá consultar um médico homem.

Espírito: Se quem consulta é um homem, ele deverá potenciar as suas qualidades masculinas ou a sua energia yang. Talvez adotar uma atitude firme e assertiva e fazer valer os seus direitos. Esse é o momento indicado para a ação. Ao mesmo tempo, para os homens, essa carta representa o ideal, o ser masculino evoluído. Se se trata de uma mulher, será também indício de que, na situação que ela esteja afrentando, deverá se comportar e atuar com decisão e autoridade tipicamente masculinas.

Síntese: Se o consulente é homem, essa carta o representa. Ao se tratar de mulher, representa um homem significativo na vida dela.

3 - A Estrela da Mulher

3 – A ESTRELA DA MULHER

De forma muito semelhante à carta anterior, nessa carta também é possível ver o rosto de uma mulher ao estilo do antigo Egito sobre cuja cabeça há também uma estrela de seis pontas. Não obstante, nessa ocasião a estrela não está formada por dois triângulos, mas representa doze raios que, partindo do centro, terminam em cada um dos seus vértices, dividindo-a, então, em nove partes triangulares de tamanho semelhante. Da mesma forma que acontece na Estrela do Homem, essa carta está dividida verticalmente em duas partes: uma clara e outra mais escura. Uma circunferência de pontos circunda essa estrela. Em geral, essa carta representa as qualidades femininas de receptividade e intuição.

Sentimentos: Para uma mulher significará que os assuntos do coração têm, nesse momento, grande importância e que, finalmente, seus desejos vão se realizar. Se o consulente é um homem casado, essa carta representará a sua esposa. Se ele é solteiro a carta indicará próximo encontro com uma mulher.

Profissão: Ao se tratar de consulente feminina, a Estrela da Mulher a representa. Ao se tratar de um homem, a carta mostra que deverá contar com o apoio de uma mulher.

Saúde: Se a consulente é uma mulher e a consulta é sobre um tema de saúde, essa carta sugere a necessidade de adotar papel muito mais ativo no que diz respeito à sua saúde física.

Se for um homem, sugere que deverá consultar um médico ou terapeuta de sexo feminino.

Espírito: Tanto para os homens quanto para as mulheres, mostra a necessidade de desenvolver a energia feminina, potenciando mais a reflexão, a sensibilidade, assim também a escuta e o diálogo referente à ação.

Síntese: Se quem faz a consulta é uma mulher, essa carta a representa. Ao se tratar de um homem, representa a sua esposa, mãe, noiva ou uma amiga importante na sua vida.

Cartas sob a influência do Sol

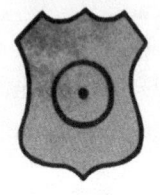

Fonte de luz e de vida, o Sol simboliza o poder criador e é a manifestação da Divindade neste plano. O sol confere inteligência de síntese e facilita a assimilação das ideias mais difíceis. Implica expansão, opulência, nobreza, autoridade e honores, e favorece a exteriorização da vida. Mesmo que as qualidades do sol – tanto simbólicas (seu fogo queima e destrói) quanto astrológicas (pode representar um orgulho desmesurado) não sejam sempre favoráveis, as sete cartas do Tarô Belline regidas pelo Sol mostram apenas aspectos benéficos. Quando uma tiragem está dominada por cartas solares, isso indicará sempre desvanecimento das dificuldades e a obtenção dos meios necessários para conseguir nossos objetivos e superar as provas que se nos apresentem. Astrologicamente, o Sol é o máximo transmissor da divindade aos seres humanos. Nem a Lua nem os planetas mantém contato tão direto com a energia divina, posto que eles são corpos opacos, mesmo que cada um, em função das suas características, possa servir de instrumento, representando diversos caminhos que conduzem ao conhecimento ou à percepção do Ser Divino. No Tarô Belline, as sete cartas influenciadas pelo Sol são as seguintes: 4- O Nascimento, 5- O Sucesso, 6- A Elevação, 7- As Honras, 8- O Pensamento-Amizade, 9- O Campo-Saúde, 10- Os Presentes. Vejamos agora os detalhes de cada uma delas.

4 - A Natividade *(O Nascimento)*

4 – NATIVIDADE

Na carta número 4 vemos representado um pergaminho no qual está desenhado um mapa do céu ao estilo medieval, com os doze signos do zodíaco dispostos dentro de um quadrado. Na parte central superior do pergaminho está o sol e na inferior a lua. Essa carta anuncia o nascimento de alguma coisa, seja uma ação, um fato, uma situação, um projeto ou um ser humano. É uma carta positiva que confere energia dinâmica e espontânea, que ajudará o consulente diante de qualquer adversidade.

Sentimentos: Essa carta indica novos encontros, o nascimento de novo amor ou nova amizade. Tratará sempre de uma relação agradável, relaxada.

Profissão: Favorece qualquer inovação no campo profissional, a construção, os novos projetos e as mudanças. É um excelente presságio perante a abertura de novo negócio.

Saúde: Indica boa saúde e grande vitalidade. Se viesse acompanhada por outra carta de fecundidade, como a Água, poderia predizer a gravidez.

Espírito: Anuncia renascimento interior com energia positiva e nova alegria de viver.

Resumindo: Representa uma situação nova em qualquer que seja o campo da consulta. Favorece todo tipo de criação e de início. É especialmente favorável aos novos projetos e às novas aventuras de todo tipo.

5 - Sucesso

5 – SUCESSO

Nessa carta vemos uma coroa de louro da qual pende uma medalha unida à coroa por uma cinta. A coroa de louro simboliza a vitória, as honras e a glória – usada antigamente sobre a cabeça de heróis e sábios. A medalha é uma recompensa, um prêmio aos esforços realizados. Ambos os símbolos transmitem a ideia de sucesso alcançado pelo esforço pessoal.

Essa carta confirma a realização das esperanças e os desejos da pessoa. Implica reconhecimento dos seus esforços e seus méritos e prediz resultados favoráveis em exames e certames.

Sentimentos: Mesmo que se trate de uma carta mais orientada para os aspectos sociais e de trabalho, a sua aparição em uma tiragem relacionada com amor e afetividade é sempre muito positiva. Os seus desejos afetivos serão satisfeitos mesmo que você não se esforce muito por obtê-los.

Profissão: As perspectivas em relação ao trabalho, à profissão e aos negócios são excelentes. É o momento ideal para a pessoa escolher a mudança em relação a qual tinha dúvidas. Pode também representar promoção no trabalho. Os esforços são finalmente reconhecidos e recompensados.

Saúde: Se a consulta diz respeito à saúde, essa carta indica que o sujeito sairá vitorioso das doenças que o afligem. Os contatos e as relações sociais podem resultar benéficos para a pessoa.

Espírito: Indica uma pessoa com moral muito elevada, ambiciosa e com muita coragem, que gosta que os seus méritos sejam reconhecidos.

Síntese: As esperanças e as ilusões da pessoa se tornarão realidade. Sucesso e vitória no tema da consulta. Final feliz.

6 - Elevação

6 – ELEVAÇÃO

Vemos nessa carta uma pirâmide que se eleva até o céu desde um chão verde. Aos seus pês repousa deitada sobre o chão uma escada.

A pirâmide, com seu vértice apontado para o céu, transmite claramente a ideia de elevação. Ao mesmo tempo, representa também um mundo mágico e misterioso. As pirâmides são sempre construções sagradas que, firmemente assentadas sobre a terra, levam-se até a luz do céu. O desenho inclui três noções numerológicas chave: O4 está representado pela base da pirâmide; O3 pelos lados que se elevam até o céu, e o 05 pela escada de cinco degraus que se encontra horizontalmente disposta no chão. A escada tem sido também um símbolo de elevação e de comunicação com os planos superiores da existência e com o céu. Mas, nesse caso, vemos que está deitada sobre a terra e, portanto, para servir ao seu objetivo tradicional trabalho e esforço serão necessários por parte da pessoa. Em outros termos, será necessário colocar essa escada de pé.

Essa carta indica progresso em qualquer que seja o assunto referente à consulta. O consulente está no caminho do sucesso.

Sentimentos: Essa carta indica relacionamento sincero e profundo. Em geral, refere-se mais à qualidade do que à quantidade. Não se trata de conhecer muita gente, mas sim de aprofundar e reforçar as relações já existentes. Implica também um componente intelectual e de ideais compartilhados.

Profissão: Mesmo que o caráter da elevação representado por essa carta seja essencialmente espiritual, a sua aparição numa tiragem, cujo tema seja o trabalho ou os negócios, indicará sempre melhoria significativa. Pode ser uma promoção, um aumento de poder e de responsabilidades, o cumprimento dos próprios projetos e mesmo ascensão em nível social.

Saúde: Indica melhoria na saúde geral da pessoa. É um bom momento para iniciar uma dieta, deixar de fumar, começar uma cura natural etc.

Espírito: Os anseios de elevação espiritual da pessoa serão atendidos. Em breve, entrará em contato com ideias e com pessoas com quem vai aprender muito acerca do plano espiritual.

Síntese: Trata-se de uma carta muito benéfica, com poderoso efeito sobre as pessoas ou sobre as circunstâncias que estão sob a sua influência. O consulente progride em qualquer que seja o campo sobre o qual foi formulada a pergunta.

7 - Honras

7 – HONRAS

Nessa carta vemos uma coroa sobre dois cetros que se cruzam formando uma "X", um deles termina com uma mão com o dedo índice estendido. Da mesma forma que a coroa, os cetros simbolizam o poder e o mando. Essa carta anuncia grande acontecimento social, fama e distinções.

Sentimentos: Essa carta não diz muito de sentimentos ou afetividade, a não ser o fato de que os seus méritos serão reconhecidos, mas isso não levará sempre ao amor, mas sim, à apreciação por parte de alguém.

Profissão: Promoção ou menção honorífica. Reconhecimento duradouro dos esforços e dos trabalhos da pessoa, o que pode repercutir também no âmbito econômico e social, facilitando a ascensão de nível.

Saúde: Da mesma forma que acontece em relação ao plano sentimental, essa carta não dá informação sobre saúde. Para alguns indica que, caso se manifestasse uma doença, seria necessário consultar um médico, clínica médica ou hospital renomado.

Espírito: Pela sua qualidade especialmente honorífica e de reconhecimento, essa carta normalmente indica aumento da autoestima, o que é positivo sempre que não se chegue a extremismos narcisistas ou de vaidade.

Síntese: Honras e reconhecimento do trabalho realizado, com satisfação da pessoa e aumento da autoestima e do amor próprio.

8 - Pensamento - Amizade

8 – PENSAMENTO - AMIZADE

Nessa carta vemos os desenhos de um cachorro e de uma flor. O cachorro tem sido, desde sempre e em todos os lugares, o símbolo da fidelidade sem condições. É o animal mais próximo do homem, seu guardião e amigo fiel. A flor representa algo tenro e precioso que é preciso proteger e conservar. É, ao mesmo tempo, referência de beleza, amizade e amor. Juntos, o cachorro e a flor transmitem poderosa mensagem de amizade sincera.

Sentimentos: Indicadora de sentimentos profundos e sinceros, essa carta pode confirmar a realização dos desejos afetivos, mas seu âmbito de influência normalmente está mais orientado para a amizade que para o amor. Indica harmonia, paz, serenidade e bem-estar conjugal.

Profissão: Apesar de ser pouco representativa no âmbito laboral e econômico, essa carta geralmente mostra boas relações com os colegas de trabalho e um ambiente favorável. Na esfera econômica indica, igualmente, tranquilidade e ausência de dificuldades. Se o consulente está procurando trabalho, essa carta anuncia a ajuda das amizades.

Saúde: À medida que indica um ambiente tranquilo e benevolente, essa carta é propícia à boa saúde.

Espírito: Mostra certo equilíbrio interior, paz e estabilidade emocional e espiritual.

Síntese: Os dois desenhos inocentes e infantis dessa carta representem a amizade e os sentimentos a ela relacionados, entre eles a ternura, o afeto, a confiança e a fidelidade. Sugere boa relação da pessoa com seu entorno. É uma carta que favorece o bom entendimento com os demais e atenua o significado mais desagradável que poderiam ter as demais cartas que estão ao redor na tiragem.

9 - Campo - Saúde

9 – CAMPO - SAÚDE

Aqui vemos uma casinha protegida por uma árvore enorme e também uma flor gigante que também está protegida pela árvore. Os três elementos inspiram paz, proteção, recolhimento e também mostram, claramente, a tranquilidade do campo. A árvore, com suas raízes profundamente soterradas na terra e seus ramos se elevando até o céu, representa as poderosas e sanadoras forças da natureza. A casa é o nosso refúgio interior, nosso templo, enquanto a flor vem encarnar a energia sutil, fresca e renovadora da natureza. As duas palavras estão relacionadas, de forma muito clara, à natureza e ao corpo físico.

Sentimentos: Não tendo incidência direta sobre o plano afetivo, essa carta parece mais relacionada ao retiro e à tranquila solidão da natureza que com relações de amizade ou de romances. Se a consulta trata de relação afetiva, pode indicar a conveniência de que o consulente e seu companheiro ou companheira tirem férias no interior.

Profissão: Mesmo que pudesse querer dizer que o trabalho vai se desenvolver no interior e em um lugar plácido e tranquilo, é mais frequente que essa carta mostre ou aconselhe um tempo para descansar, devido a imperativos do corpo ou por férias. Mostra a necessidade de parar e dedicar um tempo ao recolhimento, à reflexão e ao contato direto com a energia sanadora da natureza.

Saúde: Essa carta é uma das cartas do Tarô de Belline mais relacionada com a saúde do corpo e também do espírito. Seu significado principal é a necessidade da pessoa descansar. Qualquer tipo de medicina natural ou energética será aconselhável. O repouso e o contato com a natureza farão milagres. É o momento de se oxigenar e recarregar as energias.

Espírito: É favorável à interiorização, à meditação e ao relaxamento. Facilita a paz e o equilíbrio interior, o progresso no caminho espiritual e também o desenvolvimento da intuição. Pode também favorecer o contato com os espíritos da Natureza.

Síntese: Aconselha ou anuncia férias, um tempo de repouso, de recolhimento ou de afastamento da grande cidade.

10 - Presentes

10 - PRESENTES

Saindo das nuvens, uma mão direita distribui prêmios que a pessoa merece. São tesouros entre os que vemos uma coroa, um cetro, uma medalha e também pérolas ou moedas, isto é, autoridade, poder, mando, honores e riquezas. O fato de que a mão surja do céu confirma que esses presentes não são consequência da casualidade, mas sim de uma recompensa pelo esforço e os próprios méritos do indivíduo.

Sentimentos: Pequenos presentes de uma pessoa querida. Não tem por que ser algo material, mas podem expressar atenções, cuidados ou atos de generosidade que farão a sua vida mais agradável.

Profissão: Em relação ao trabalho, os presentes podem ser interpretados como uma promoção. Também como honras ou recompensas pelo trabalho realizado: uma festa de despedida ou de aposentadoria ou uma celebração organizada pelos colegas em forma de agradecimento.

Saúde: Em relação à saúde, essa carta praticamente não tem significado. Para alguns poderia representar uma gravidez, enquanto que para outros simplesmente significa boa saúde e a ausência de problemas ou mal-estares físicos.

Espírito: O mundo invisível faz pequenos presentes que, mesmo sendo muitas vezes intangíveis, contribuem significativamente a fazer com que a sua vida seja mais fácil e agradável.

Síntese: A carta mostra afetos, presentes, vantagens e sucesso nas empresas, uma melhora na situação material, sucesso em provas e concursos públicos, surpresas agradáveis, bem-estar espiritual, recompensa pelos esforços realizados e bons resultados em qualquer campo ou situação.

Cartas sob a influência da Lua

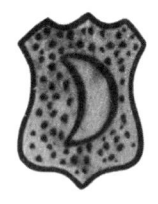

A lua governa o mundo do inconsciente, os atos mecânicos e a intuição. O único satélite da Terra é, na realidade, um corpo pequeno que não emite luz própria, mas que de acordo com os ângulos que vai formando o Sol, reflete em maior ou menor medida a luminosidade solar. Representa, então, uma espécie de espelho gigante em que se reflete uma imagem virtual da vida que, mesmo não sendo completamente real, tem muita importância para nós. A lua encarrega-se de iluminar a Terra durante a noite, mas não temos que esquecer que a intensidade e o tom dessa luz tendem a distorcer a forma dos objetos que ilumina. Astrologicamente, o que procede da Lua é normalmente apenas uma imagem da realidade, muitas vezes desproporcionada e distorcida. Poderia parecer que só há elementos negativos, já que tudo o que se relaciona com a Lua, normalmente, representa freio e uma limitação. Assim, no Tarô Belline, as cartas sob a influência da Lua estão longe de aportar satisfações semelhantes às que estão regidas pelo Sol. Não obstante, guiam-nos pelo caminho da evolução, evitando a acomodação excessiva e que se enferrujem as nossas faculdades e os nossos mecanismos internos. A vontade Divina permite que as criaturas possam passar por diversas etapas de evolução espiritual e, graças à Lua e às suas atribuições, podemos realizar uma parte desse processo.

A Lua simboliza também tudo o que é transitório, secundário ou que permanece latente. Desde o inconsciente, ela influi em quase todos os atos repetitivos da vida cotidiana, esses movimentos que se realizam sem plena consciência e que acostumamos chamar ações "automáticas". As cartas sob a influência da Lua são: 11- Traição, 12- Partida, 13, Inconstância, 14- Descoberta, 15- A Água, 16 - Os Penates e 17- Doença.

11 - Traição

11 – TRAIÇÃO

Nessa carta vemos a imagem de um gato de aparência muito agressiva, com os pelos encrespados e as unhas de fora. Adorado em diversas culturas e religiões e vilipendiado em outras, o gato é um animal dual, que pode ser extremamente dócil, mas também muito feroz. O que vemos representado nessa imagem está com uma aparência ameaçante e parece mostrar só aspectos maus e negativos, conferindo, desse modo, à carta número 11 um caráter sem dúvidas maléfico.

Sentimentos: No aspecto sentimental e afetivo, a carta número 11 mostra desconfianças, calúnias, brigas e mais frequentemente infidelidade. As cartas que estão ao seu redor vão dizer se é de risco que se trata, de uma realidade, ou se estamos perante um ato de pouca importância perante uma situação grave. No aspecto familiar e de amizade, pode também representar abuso de confiança, decepção ou o não cumprimento da palavra dada por parte de alguém em quem confiávamos. Perante a essa carta, o consulente acostuma ser sempre a vítima e não quem provocou o mal.

Profissão: Em relação ao trabalho ou a afetividade profissional da pessoa, essa carta acostuma mostrar invejas, mal ambiente de trabalho, competência desleal e também fraudes ou brigas relacionadas a contratos de trabalho. Será necessário aumentar a prudência no que diz respeito a investimentos, novos negócios ou à assinatura de documentos e contratos. É também preciso tomar muito cuidado com a redação dos mesmos, já que pode haver erros ou omissões neles que, mesmo que não tenham sido feitos com a intenção de prejudicar, podem gerar muitos problemas legais e bancários. Prudência também com os investimentos, já que podem causar perdas econômicas difíceis de afrontar, sobretudo levando em consideração que a pessoa pode esperar pouco apoio de quem lhe está próximo.

Saúde: Assim como em todos os outros campos, a aparição dessa carta não prevê nada de bom no âmbito da saúde. Pode indicar depressão, um estado de baixa moral e um estado de ânimo que pode fazer com que a pessoa "traia" a se mesma em nível físico. Se esse é o caso, todos os esforços deverão se orientar até a recuperação da confiança, tanto em si mesma e nos seus próprios recursos, quanto no Poder Superior que tudo anima e também, é claro, no médico responsável pelo doente. É possível que represente também grande agressividade interior que, antes ou depois, vai se traduzir em problemas físicos. Para alguns, a carta da traição mostra uma doença contagiosa ou transmitida por contato direto.

Espírito: No plano psicológico essa carta pode ser indicativa de uma grande fragilidade interior que faz com que a pessoa se sinta constantemente ameaçada ou enganada, situação que pode se agravar, tornar-se uma paranoia ou desordens psíquicas. Em nível mais esotérico, poderia até representar a ação de forças maléficas.

Síntese: Em geral, a carta da traição anuncia enganos, invejas, abusos de confiança, difamações e más vibrações em geral. No campo amoroso, infidelidades e risco de adultério, nos negócios fraudes, abusos e traições. Pode mostrar todo tipo de excessos com repercussões negativas e, em geral, sempre diminui as possibilidades de sucesso, qualquer que seja a empresa ou campo de atividade.

12 - Partida

12 – PARTIDA

Nessa carta vemos um grupo de dez pássaros que, alinhados em forma de V, elevam-se voando até a esquerda, tendo uma paisagem de agrestes montanhas ao fundo. Em geral, a imagem transmite a ideia de elevação, liberdade e superação das dificuldades. Paralelamente, nela vemos plasmada a noção de uma mudança de domicílio com repercussões positivas, já que essas aves, chegado o momento adequado, emigram duas vezes por ano à procura de clima e entorno mais favorável.

Sentimentos: No plano afetivo essa carta é ambivalente e a sua interpretação vai depender sempre do contexto. Pode mostrar uma liberação de provas e ataduras passadas, assim como o voo até horizontes afetivos mais abertos e prometedores. Nesse sentido, indica relações novas e esperançosas. Porém, em outros casos, também poderia representar uma separação da pessoa amada.

Profissão: No âmbito profissional pode significar mudança ou troca de empresa ou de profissão, ou talvez o fato de criar uma empresa própria. De qualquer maneira, os auspícios são sempre positivos. Em relação aos negócios, acostuma ser também favorável, especialmente em tudo o que tem a ver com a assinatura de contratos e início de novas aventuras ou atividades, a exceção de quando vem acompanhada de cartas claramente negativas já que, nesse caso, a pessoa terá de fugir do negócio referente à abertura da empresa ou o que está sendo proposto.

Saúde: Mesmo que possa sugerir uma viagem por motivos de saúde ou talvez uma cura de repouso no interior, em geral, é uma carta que traz consigo ar fresco e energia renovada.

Espírito: Partida até novos horizontes, deixando para trás tudo que estiver estagnado obsoleto. É uma viagem e uma elevação até a Luz.

Síntese: Pode indicar mudança de vida ou de lugar de residência mesmo que, às vezes, se trate simplesmente de uma viagem. No âmbito profissional, mostra uma transformação ou uma mudança importante, sempre para melhorar. Pode também sugerir a conveniência de um afastamento momentâneo ou uma mudança até novos horizontes que, ao retorno, permitirá ver tudo com mais clareza e sem ofuscação.

13 - Inconstância

13 – INCONSTÂNCIA

Nessa carta vemos a cabeça de um anjo que saindo dentre as nuvens sopra com força gerando um grande vento até uma casa coroada com uma bandeira. Uma montanha completa a cena. Para alguns se trata de Éolo, o deus do vento. O vento é sinônimo de ação, agitação ou evolução, de acordo com as circunstâncias. Pode empurrar uma embarcação ou mover as aspas de um moinho, mas também pode gerar fortes redemoinhos que, levantando a terra, podem nos deixar cegos e mesmo destruir tudo.

Sentimentos: Em nível afetivo ou sentimental, o significado dessa carta não é muito lisonjeiro. Talvez não exista infidelidade, mas a relação é muito superficial e instável. Se você ainda não está comprometido nesse relacionamento é melhor não fazê-lo. Se o relacionamento já está consolidado, há nuvens em perspectiva. É possível que para a outra pessoa você não seja mais do que um agradável passatempo. Essa carta é unicamente favorável quando a pergunta concreta tenha se referido a um relacionamento nefasto ou a problemas e sofrimentos afetivos. Evidentemente tudo isso passará em breve.

Profissão: Inconstância, fraqueza e insegurança. Talvez a falta de confiança em nós mesmos seja o motivo que nos faz fugir das responsabilidades e que nos mantém afastados do progresso. No campo dos negócios será preciso tomar muito cuidado e aumentar as precauções. Antes de assinar um documento ou começar um negócio será necessário ter todas as garantias possíveis. Para minimizar os riscos não se deverá apostar tudo numa carta só, mas sim diversificar os investimentos o máximo possível.

Saúde: Em nível de saúde haverá momentos bons e outros menos bons, sendo mais numerosos os segundos, sem que seja nada de muito grave.

Espírito: Mostra emoções muito variáveis e mesmo instabilidade psicológica do consulente no qual se alternam os estados de euforia e energia com outros de fraqueza e pessimismo. Perigo de perder de vista a finalidade importante, se perdendo na satisfação de prazeres imediatos, deixando de lado o transcendente e o vital.

Síntese: Os principais conceitos que nos transmite essa carta são instabilidade, versatilidade, indecisão e desordem. Pode se referir a promessas que não serão cumpridas, gerando indecisão e incertezas em todos os âmbitos, seja que se trate de assuntos de trabalho, de amor ou pessoais. Acentua a passividade e o mal-estar interior, obstaculizando e dificultando qualquer projeto.

14 - Descoberta

14 – DESCOBERTA

Vemos um telescópio apontando em direção a uma estrela de seis pontas, talvez a estrela do nosso destino. Aos seus pés há um livro aberto e outro fechado, assim como um pergaminho com inscrições e uma coruja com os olhos muito abertos. O telescópio é um instrumento que nos permite ver aquilo que, em condições normais, devido à grande distância na qual está, permaneceria oculto para o olho. Por sua vez, a coruja, símbolo dos videntes também nos ajudará a ver. O pergaminho e os livros transmitem a ideia do estudo, aprendizagem, meditação e reflexão.

Sentimentos: Essa carta indica um encontro real com uma pessoa ou uma descoberta simbólica. O conceito de descoberta implica uma nuance de revelação. De repente vemos algo sob uma luz totalmente nova e esclarecedora. As cartas que aparecem junto dela vão nos dizer se isso que descobrimos possui uma qualidade positiva ou não. É possível que chegue na sua vida uma pessoa que terá um importante relacionamento com você.

Profissão: Novos horizontes se abrem na direção de perspectivas muito lisonjeiras. Essa carta amplia significativamente as possibilidades de sucesso, razão pela qual indica claramente que o momento é propício para se aventurar em novos campos. O que a pessoa deseje empreender terá boas possibilidades de dar muito certo.

Saúde: Em termos gerais é uma carta positiva, a exceção de que apareça perto de outras maléficas já que, nesse caso, poderia significar a descoberta de uma doença pouco conhecida. Pode também significar uma gravidez.

Espírito: Indica curiosidade e espírito pesquisador, é uma carta favorável às novas ideias, ao mesmo tempo, mostra uma compreensão e assimilação dos princípios transcendentais e essenciais do Ensino.

Síntese: A simbologia da carta parece acentuar o conceito de exploração do desconhecido, de descobrir os mistérios do céu e da própria vida da pessoa.

15 - A Água

15 - A ÁGUA

Nessa carta podemos observar uma barca à vela que navega com vento favorável sobre um mar ligeiramente agitado. Essa carta dá um papel muito importante ao subconsciente, representado nela pelo mar que sustenta a barca e o sacode um pouco. O vento que empurra à embarcação é uma representação do superconsciente, de Deus ou das forças externas à pessoa que, apesar de não ter a possibilidade de mudá-las, pode, contudo, aproveitá-las se sabe como fazê-lo.

Sentimentos: Essa carta é favorável a todo tipo de relacionamentos sentimentais e emotivos. Se a consulente é uma mulher pode indicar uma gravidez ou, então, a conveniência de que ela acentue as suas qualidades femininas. Pode também indicar o retorno de um ser querido que estava longe.

Profissão: É favorável para todo tipo de trabalhos que estejam relacionados com líquidos: vinhos, leite, perfumes etc. Também para tudo aquilo que tem a ver com viagens e imaginação. Não obstante, é pouco adapta para tomar iniciativas em atividades puramente financeiras. Nesse campo, pelo contrário, marca um período de passividade, de reflexão e de preparação para o futuro.

Saúde: No campo da saúde, em geral, acostuma indicar perda de vitalidade e energia, depressão ou diminuição de todas as faculdades físicas e certa fraqueza passageira. Nas pessoas doentes poderia sugerir problemas circulatórios, endócrinos ou renais.

Espírito: A água gera um desejo de deixar de lado às obrigações diárias. Influencia favoravelmente a intuição, a imaginação e as faculdades criativas, mas também pode criar dúvidas, escuridão mental e mesmo fantasmas, dependendo das cartas que a acompanhem.

Síntese: O simbolismo dessa carta está orientado completamente em direção ao feminino, à passividade, ao subconsciente, às emoções e à intuição. Ao mesmo tempo, favorece a evasão, seja real ou apenas mental. Por isso, pode também representar viagens, férias e lugares exóticos. Pode, igualmente, mostrar uma imaginação desbordada, assim como projetos muito mais ilusórios do que realistas. Apesar de que favorece a criatividade pode gerar também mal-estar na atividade profissional.

16 - A Torre

16 – A TORRE

Nessa carta vemos uma torre fortificada que se eleva no topo de um promontório. Os prédios arquitetônicos são sempre símbolos das criações humanas, eles nos mantêm ao reparo das inclemências do exterior, mas, ao mesmo tempo, também nos separam do nosso entorno. Essa torre nos faz lembrar da torre de Babel, assim também o arcano XVI do tarô: a torre. Além de refúgio, pela sua situação elevada, essa torre é também um ponto de observação. A torre tem um caráter ambivalente, já que, por um lado, ajuda ao ser humano a se elevar até o céu, mas ao mesmo tempo, pode gerar nele orgulho e prepotência, chegando mesmo a fazer que se esqueça do lugar real que ocupa na criação.

Sentimentos: Estamos perante uma carta favorável aos sentimentos, ao lar e à família. Essa carta lembra que devemos nos mostrar receptivos aos demais. É uma carta especialmente benéfica para a mulher, independentemente do fato de que seja ela a consulente ou o objeto da consulta. Acentua as qualidades domésticas e diz que em casa achamos a paz, a segurança e o equilíbrio afetivo do que precisamos.

Profissão: Essa carta permite se liberar das obrigações e das pressões profissionais, nos motivando a trabalhar no marco do lar e da família. No terreno econômico propicia também o equilíbrio.

Saúde: Graças à sua tranquilidade e à paz que proporciona consegue que a pessoa recarregue as suas energias, tanto físicas quanto mentais.

Espírito: Libera-nos de angústias e inquietudes e nos ajuda a encontrar o equilíbrio e a paz.

Síntese: Na antiga Roma, os penates eram deuses familiares que, sob forma de estátuas, eram levados quando a pessoa mudava o seu domicílio ou trocava de cidade ou de país. Com o tempo, a expressão começou a definir o lar, a casa, a habitação. Tem uma conotação positiva, no sentido de que implica conforto, calor, proteção. Considera-se que é uma carta favorável na hora de procurar casa ou apartamento.

17 - A Doença

17 – A DOENÇA

Nessa carta vemos uma ave de rapina que coloca as suas garras sobre um réptil ou anfíbio, talvez se trate de um lagarto ou de uma salamandra. Na imagem não é certo que a águia ou o falcão consiga pegar o animal, já que esse parece muito tranquilo, tem um tamanho considerável e, por outro lado, as suas cores parecem indicar que também ele possui certas defesas e armas de ataque, talvez mesmo um veneno letal.

Sentimentos: No aspecto afetivo essa carta nos diz que a doença terá uma influência notável no relacionamento que preocupa o consulente. Se essa influência é boa ou ruim, será determinado pelas outras cartas que a acompanhem. Em certas situações poderia também indicar uma doença sexualmente transmissível.

Profissão: Indica um ambiente ruim no âmbito profissional, em que todos os aspectos parecem desfavoráveis. Pode também evidenciar problemas de saúde relacionados diretamente com a atividade profissional, ou mesmo um acidente de trabalho. É igualmente um aviso de que a pessoa não deve esquecer a sua saúde por excessiva dedicação ao trabalho.

Saúde: Possibilidade de contrair uma doença como consequência de problemas de ordem mental, moral ou espiritual. Trata-se na realidade de um aviso, já que o corpo, na maioria das vezes, ainda não está tão fraco como para não poder se defender.

Espírito: Inquietudes, conflitos e mesmo taras morais afligem à pessoa. A sua situação interna é muito pior do que se manifesta externamente.

Síntese: Estamos perante uma carta que acostuma predizer contrariedades em todos os campos. Impede o sucesso de qualquer projeto, seja que se trate de empresas, estudos ou exames. A situação econômica pode ser também gravemente afetada, da mesma forma que os relacionamentos afetivos ou familiares.

Cartas sob a influência de Mercúrio

Mercúrio é um deus jovem e levado, ágil, rebelde, da mesma forma que o planeta do mesmo nome, o qual, visto desde a Terra é o mais rápido de todos os planetas. É também um deus inteligente, engenhoso e inventivo. É o deus dos estudantes, dos escritores e dos médicos. Já que não se preocupa demais pelos escrúpulos, é também o deus dos comerciantes e dos ladrões. As cartas que estão sob a sua influência têm a ver com o movimento, as relações, o comércio, as ideias e o material. São as seguintes: 18- Mudança, 19- Dinheiro, 20- A Inteligência, 21- Roubo-Perda, 22, As Empresas, 23-O Tráfego, 24- A Notícia.

18 - Mudança Celestial

18 – MUDANÇA CELESTIAL

Nessa carta vemos o sol, a lua e a terra rodeados de estrelas e nuvens. Os astros simbolizam a perfeição, a exatidão e a regularidade dos seus movimentos. É uma carta natural e misteriosa ao mesmo tempo. Os astros também nos transmitem as sutis mensagens das influencias celestes, que fazem vibrar nossas vidas e toda a vida existente sobre a terra com um ritmo especial que muda constantemente, dependendo das particulares influências dos distintos corpos celestes em um momento determinado.

Sentimentos: No campo dos sentimentos, essa carta pode mostrar qualquer tipo de mudança: encontro inesperado, ruptura, reconciliação, conflito etc. A carta em se mesma não indica se a mudança em questão será positiva ou negativa. Isso deverá ser deduzido do resto da tiragem. O que sim é certo é que a situação afetiva do consulente ou da pessoa em questão não vai continuar como estava. Quando as outras cartas não aportem uma informação clara, a mudança deverá se considerar como positiva. A aparição dessa carta favorece muito os encontros inesperados.

Profissão: No âmbito profissional há de se esperar também uma mudança que tem muitas possibilidades de ser positiva, a exceção de que as cartas que acompanhem essa carta digam exatamente o contrário. Em geral, indica uma rápida evolução dos projetos, avanços no trabalho e entradas de dinheiro inesperadas, mesmo que possa provocar também um pouco de agitação e de estresse.

Saúde: Se o consulente ou a pessoa sobre a qual está sendo feita a consulta não sofre no momento da tiragem de nenhum problema de saúde, a mudança nos diz que há riscos de que tal problema se apresente. Se, pelo contrário, há algum tipo de doença no momento da tiragem, sem dúvida o doente vai se curar, recuperando as suas forças e energias.

Espírito: É necessário deixar atrás o passado para alcançar o futuro. Possivelmente, estamos perante uma pessoa volúvel demais que muda de ideia com frequência e que não tem muita coerência nem perseverança, tanto nos seus atos quanto nas suas decisões. Talvez, trata-se de uma pessoa que passa rapidamente da depressão a uma alegria extrema.

Síntese: Como o seu nome indica, essa carta nos anuncia mudanças de todo tipo na vida do consulente. Geralmente, essas mudanças acontecem de um modo muito rápido e, à exceção de indicações claras no sentido contrário, serão favoráveis.

19 - Dinheiro

19 - DINHEIRO

O chifre da abundância sempre foi um símbolo de riqueza, fecundidade, prosperidade e felicidade. Representa também a providência e a generosidade divina em relação às criaturas.

Sentimentos: A aparição dessa carta nos diz que a serenidade e o bom ambiente reinam nas relações familiares do consulente. Todos os seus laços afetivos são profundos e sinceros e está circundado de pessoas generosas que gostam dele. Favorece o encontro com pessoas bem posicionadas economicamente.

Profissão: Os assuntos profissionais e econômicos evoluem de maneira muito positiva. Talvez chegue um dinheiro inesperado ou acabem os últimos obstáculos que impediam a realização de um negócio importante. Pode indicar uma promoção no trabalho, o aumento do salário, ou mesmo um prêmio de loteria.

Saúde: Mesmo que, em geral, essa seja uma carta muito positiva, não tem um significado concreto em relação à saúde. Se considera que indica boa saúde e vitalidade, mas se está acompanhada por uma carta muito negativa, pode significar gastos importantes em assuntos médicos.

Espírito: Seres superiores estão sempre vigiando para que não falte nada ao consulente. Tem proteção e segurança. Só se estiver acompanhada por uma carta muito preocupante poderia mostrar um excessivo apego aos bens materiais com ambição sem limites.

Síntese: Essa carta geralmente representa um enriquecimento material, clara melhoria na situação econômica da pessoa, ou um aumento das suas possessões. Seu significado é primordialmente econômico e deverá ser interpretada nesse sentido.

20 - A Inteligência

20 – A INTELIGÊNCIA

Nesta carta vemos um candelabro de sete braços que ilumina um livro totalmente aberto. O candelabro simboliza o espírito, a inspiração e a luz espiritual. Os sete braços do candelabro são interpretados como os sete planetas e também os sete centros de energia ou chacras que conectam ao corpo físico do homem as suas contrapartes mais sutis. O livro aberto e iluminado pelo candelabro representa o conhecimento e a sabedoria.

A inteligência a qual faz referência essa carta é totalmente interior. É a qualidade essencial que todos temos de possuir se queremos evoluir no caminho da vida. Se trata, certamente, da única e verdadeira inteligência, uma inteligência superior que vai muito além das faculdades mentais comuns e que aparece somente quando a intuição, a luz que nos chega desde cima, ilumina nosso conhecimento e a nossa bagagem de experiência e erudição, aqui representada pelo livro.

Sentimentos: A vida afetiva do consulente será feliz em termos de estabilidade e harmonia. Essa carta traz benevolência em relação aos outros, assim também paciência, diplomacia e moderação. As relações amorosas poderão levar ao enriquecimento espiritual.

Profissão: Indica mudança em relação à realização de uma atividade de caráter intelectual na qual a reflexão tem papel importante. O progresso social vem favorecido pela inteligência e pelos conhecimentos da pessoa. Pode indicar também uma época adequada para retomar os estudos interrompidos, fazer provas etc. Favorece a boa gestão financeira e andamento satisfatório em tudo o que se refira à profissão ou aos negócios.

Saúde: Mesmo que a influência benéfica dessa carta se aplique mais à mente e ao espírito do que ao próprio corpo, razão pela qual essa carta indica um período especialmente adequado para a realização de atividades físicas, a situação de calma e serenidade que ela profetiza permite o desenvolvimento de um sadio equilíbrio energético.

Espírito: Excelente previsão no campo espiritual. Se a pessoa ainda não encontrou o seu caminho, está perto de achá-lo. Mas a iluminação, de acordo com essa carta, somente poderá chegar pela aceitação e assimilação plena de tudo o que se aprendeu até o momento. Perante qualquer dúvida é preciso continuar fazendo perguntas aos níveis superiores. Seu silêncio vem mostrar a nossa incapacidade de nos abrir às respostas que chegam continuamente.

Síntese: Essa carta confirma e favorece a aquisição da sabedoria, do conhecimento e das faculdades intelectuais, facilitando a adaptação a qualquer âmbito ou situação, assim como a calma, a equanimidade e a correta capacidade de juízo e ação.

21 - Roubo - Perda

21 – ROUBO - PERDA

O desenho da carta mostra duas criaturas da noite, pouco agradáveis para o ser humano. Vemos o modo que o morcego leva consigo no ar um rato aparentemente morto. Ambos são animais em torno dos quais há todo tipo de lenda; animais que sempre provocaram aversão ao ser humano. Ambos veem perfeitamente na escuridão e, portanto, desenvolvem a sua atividade durante a noite. É uma clara referência à qualidade mercurial da carta, pois os dois animais são, na realidade, o desdobramento de um, nos seus dois aspectos terrestre e aéreo. O morcego associa-se aos vampiros que se alimentam do sangue que roubam de outros animais, enquanto ao rato cabe a simbologia de um ladrão noturno.

Sentimentos: Pode apresentar dois significados diferentes. Pode indicar um problema material com a família ou amizades: abuso de confiança, empréstimo não pago, objeto emprestado que será devolvido quebrado ou sem funcionar etc. Por outro lado, pode também ser uma premonição de grande tristeza: abuso de confiança por parte de uma pessoa com quem o consulente tem um relacionamento, engano ou mesmo traição. Se esse fosse o caso, seria necessário analisar bem as circunstâncias até se apurar qual o erro cometido pela pessoa a ponto de desencadear tal engano.

Profissão: Se a catástrofe ainda não se produziu, é urgente que você verifique as suas contas, ou as do seu empreendimento ou negócio. Alguém de dentro está te roubando. Se você é empregado pode se tratar de um colega que, com certa astúcia, vai conseguir uma promoção que inicialmente deveria ser sua. Se você vai assinar um contrato, deve ter certeza de que o mesmo será revisado pelo seu advogado. Se você é um escritor ou pesquisador, lembre-se, alguém vai roubar sua ideia.

Saúde: Grande risco de que a doença se agrave na pessoa, mesmo com a perda de um órgão ou diminuição de sua função. Muito provavelmente essa doença seja causada por algum agente externo: mordida de um animal, envenenamento não percebido, ou mesmo uma agressão física. Também pode ser que a doença tenha sido gerada pela preocupação do sujeito em relação a uma perda anterior.

Espírito: Perigo de cometer um erro ou de ser vítima de uma grave confusão, ou mesmo de um engano: se deixar enganar por um aproveitador, cair nas garras de uma seita etc. Pode ser também que o consulente ou a pessoa em questão confunda o que são alucinações ou delírios com a verdadeira iluminação. Se realiza exercícios psíquicos, é possível a aparição de fantasmas, o roubo de energia ou o vampirismo psíquico. Em relação a esse campo, cuidado com as pessoas com quem você trabalha.

Síntese: Como o seu nome claramente indica, essa carta simboliza roubo ou perda, estafa ou abuso de confiança, seja moral ou material. É, portanto, uma incitação à prudência, tanto em nível econômico quanto em nível sentimental. Não estamos perante um fato irrevogável. Essa carta é apenas um aviso do que podemos encontrar se não adotarmos a precaução e a vigilância necessárias. Não é preciso dizer que se trata de uma carta negativa.

22 - As Empresas

22 – AS EMPRESAS

Vemos um martelo e na frente dele um pergaminho sobre o qual está desenhado o plano de um prédio. No primeiro plano há uma esquadra e um compasso. Tudo leva a pensar em uma construção. O compasso permite traçar círculos perfeitos, sendo, portanto, um símbolo de perfeição, enquanto que a esquadra facilita o desenho de linhas retas e perpendiculares. O martelo, por sua vez, sugere a ideia da realização de uma vontade poderosa. Estamos também perante os signos maçônicos que representam os meios para nos elevar até um mundo mais espiritual. Por um lado, temos a possibilidade de criar um plano e, por outro, de fazer com que se torne uma realidade.

Profissão: Essa carta é especialmente favorável a tudo o que represente criação e concretização de ideias na realidade visível. Além disso, estamos perante uma época de segurança material. Qualquer transação que se realize devidamente será premiada com o sucesso, especialmente dos investimentos em bens imóveis. A pessoa poderá alcançar sucesso facilmente e vencer qualquer obstáculo que lhe se apresente nos seus negócios ou no seu trabalho.

Saúde: Sinal favorável em relação à saúde, baseada no equilíbrio mental e corporal. Bom momento para começar um tratamento.

Espírito: O consulente possui as qualidades necessárias para avançar no caminho espiritual. É inteligente e capta com facilidade os significados simbólicos. Tem proteção desde os planos superiores e possivelmente vai receber, em breve, algum tipo de iniciação.

Síntese: Essa carta é favorável para construção de alguma coisa nova, em qualquer campo da atividade humana, mesmo que privilegie tudo o que estiver relacionado ao campo imobiliário.

23 - O Caduceu

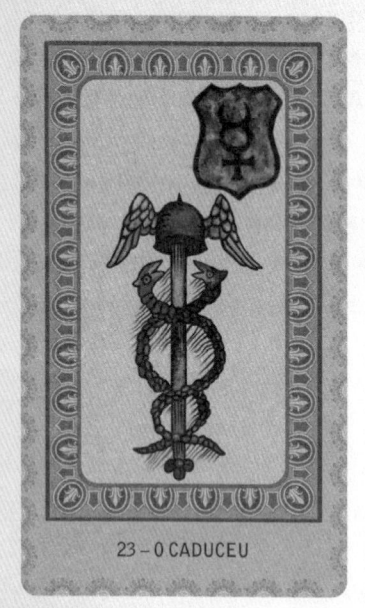

23 – O CADUCEU

O caduceu, representado por um bastão de ouro que tem na empunhadura um casco alado, custodiado por duas serpentes entrelaçadas, preside essa carta. Trata-se de um símbolo mitológico, associado ao deus grego Hermes e ao seu homólogo romano Mercúrio, protetores do comércio e dos negócios que, com o passar do tempo, tem se tornado o tráfego de energias e a união de forças ativas e passivas. A palavra caduceu provém do grego *Kadux*, que significa Heraldo ou embaixador, ofício de Hermes na sua qualidade de mensageiro dos deuses e mediador entre as divindades do Olimpo e da Terra.

Sentimentos: Pode designar certa desordem ou instabilidade no âmbito afetivo. Em muitos casos, evidencia dificuldades para se comprometer num relacionamento, situações pouco claras, compromissos duvidosos ou infidelidade. Se o consulente acredita que tenha boa situação sentimental, a presença dessa carta pode mostrar uma vida social ou laboral intensa demais que pode colocar em risco o seu relacionamento, ou um relacionamento superficial em que os sentimentos do coração estejam ausentes.

Profissão: Se o consulente tem enfrentado recentemente problemas econômicos ou se esforçado para melhorar a sua situação profissional, essa carta sugere a entrada de dinheiro, sucesso nos assuntos econômicos ou solução a um conflito profissional ou financeiro. Caso contrário, mostra deslocamentos, contratos ou importantes contatos que se transformarão em aumento significativo de dinheiro.

Saúde: Esgotamento físico ou mental é a causa de um excesso de atividade. Apesar de a saúde geral ser boa, para poder mantê-la é preciso dedicar mais tempo ao descanso e ao recolhimento, considerando que os projetos finalmente estão em circulação e não requerem tanto esforço da parte do consulente e, portanto, pode e deve relaxar e dedicar mais tempo a si mesmo.

Espírito: Além de mediador entre os Deuses e a Terra, Hermes desempenhava outra importante missão, muito menos conhecida – protetor de Héstia ou Vesta, a deusa do lar. A sua dupla tarefa coloca em evidência a importância de conjugar a atividade com a passividade, a vida laboral e social com a interiorização. Mesmo que Hermes seja mais conhecido por face de protetor dos comerciantes, atletas e ladrões, não devemos esquecer a sua aliança com a sua tia Héstia, a mais velha das deusas do Olimpo, para custodiar o lar: Héstia cuidava do interior, em particular do fogo, e Hermes vigiava a porta, para que nada de pernicioso pudesse entrar, uma vez que se os clarões do mundo externo obscurecem e cegam, o fogo interno pode extinguir.

Síntese: A circulação é indispensável para a vida. Essa é razão pela qual o caduceu tornou-se um emblema de médicos e farmacêuticos. Porém, esse símbolo também lembra da importância do equilíbrio entre as forças ativas e passivas para que a vida possa se manter na realidade dual: a luz e a escuridão, o dia e a noite e, em outros níveis, a vida social e o recolhimento, o trabalho e o descanso. Essa carta mostra a presença de um projeto que entra "em circulação", relacionado com algum negócio ou assunto de trabalho, jurídico ou familiar, cujo desenlace geralmente é favorável para o consulente, mas também pode indicar que se deve diminuir o ritmo, já que as coisas caminham sozinhas.

24 - A Notícia

24 – A NOTÍCIA

Uma estrela de seis pontas que tem uma cauda de cometa que parece cair do céu e um pássaro que leva uma carta. Ambos vão na mesma direção e se unem para oferecer uma mensagem ao consulente. Pode se tratar de uma mensagem real, representada pela pomba mensageira ou uma mensagem simbólica e interior, em forma de premonição ou intuição, representado pela estrela.

Sentimentos: Nova direção na vida afetiva. O relacionamento de casal ou familiar muda graças a novos elementos. Em nível metafísico, a chegada de algo inesperado fará com que você veja o seu companheiro/a de forma diferente. Cartas de amor, amizade ou fim de um relacionamento.

Profissão: Importantes notícias relacionadas à vida profissional: uma promoção, uma entrevista de trabalho com resultado positivo, uma mudança no quadro diretivo da empresa, novo destino ou uma informação que mudará o cenário de sua vida no trabalho.

Saúde: Em caso de doença, essa carta sugere a aparição de novo tratamento. Também pode se referir a uma descoberta científica que mostre novidades sobre a doença e facilite o processo curativo.

Espírito: Fortes intuições ou premonições que vão ajudar você a encontrar a melhor solução para as suas preocupações.

Bom momento para escutar a sua voz interior e confiar plenamente nela.

Síntese: Uma mensagem importante a caminho. Pode se tratar de uma carta, de uma chamada telefônica, de uma conversação ou de uma mensagem interior em forma de intuição com a capacidade de transformar a vida do consulente. De qualquer forma, não se trata de uma mensagem a mais, mas sim da mensagem esperada, da informação procurada durante muito tempo. Também pode representar nova orientação na vida. Possibilidade de movimento e transformação positiva.

Cartas sob a influência de Vênus

Vênus, deusa da beleza e do amor, simboliza o feminino, a harmonia, o impulso erótico, a atração, as qualidades artísticas, a criatividade, a estética e os prazeres. Está representada por uma coroa de rosas sobre seus cabelos dourados, circundada de cisnes, flores e pombas. Segundo Hesíodo, Vênus nasceu do mar quando o sêmem de Urano foi jogado nas águas e, portanto, tem origem celeste e aquática que lhe confere força cósmica irresistível à vontade humana e caráter atemporal. Quando Mercúrio e Vênus atuam juntos, surge o desejo e nascem as paixões.

As cartas sob a influência de Vênus estão relacionadas especialmente com os sentimentos e também com a alegria de viver, a beleza e a arte e são as seguintes: 25- Os Prazeres, 26- A Paz, 27- A União, 28- A Família, 29- O Amor, 30- A Mesa, 31- As Paixões.

25 - A Lira

25 – A LIRA

Uma pequena lira sobre um pedestal parece aguardar que alguém a toque. Esse instrumento, que era protagonista em todas as festas e anunciava a alegria de viver, foi criado por Hermes e encarna a harmonia cósmica. Essa carta tem um caráter lúdico e representa o prazer na Terra.

Sentimentos: Se o consulente não está comprometido em um relacionamento, essa carta anuncia aventuras sentimentais, sedução, flerte. Em caso contrário, o relacionamento pode se tornar menos sério e menos comprometido. Período favorável a muitos contatos sociais, assistência a festas, saídas, convites etc.

Profissão: Essa carta fala pouco dos assuntos de trabalho e econômicos, a exceção àquelas pessoas que sintam grande paixão pelas tarefas que desempenham. Nesse caso, elas obterão reconhecimento, sobretudo, relacionado com aspectos estéticos. As atividades artísticas serão favorecidas. Se o consulente não sente prazer ou desfruta do seu trabalho, essa carta é um convite para tirar férias, desconectar da rotina e se divertir.

Saúde: Não é o momento indicado para fazer sacrifícios ou para se impor privações e fazer dietas. Se o consulente está em tratamento, o mesmo deverá ser simples e fácil de ser seguido. Para garantir a eficácia do tratamento e o equilíbrio das energias, a pessoa deverá se divertir e levar as coisas com humor e filosofia.

Espírito: Contrariamente ao que afirmam os espíritos mais melancólicos, não viemos na Terra para sofrer. Mesmo que o sofrimento, às vezes, seja inevitável, não é garantia de evolução da alma. Existem outras formas de avançar no caminho espiritual. Somente se nos deleitarmos na bela melodia produzida pela lira, é que poderemos captar os sons harmônicos – as notas da harmonia cósmica – que nos levarão a uma oitava superior da existência. A beleza e o prazer são o caminho.

Síntese: Gozar da existência de todas as formas possíveis. Se abrir aos prazeres da vida, da alegria, das festas. Lembremos que um santo triste é um triste santo e que todo caminho carente de prazer será sempre um caminho errado.

26 - A Paz

26 – A PAZ

Sobre dois ramos de louro um monte de varas douradas, amarradas com uma grinalda vermelha, tem no seu interior um machado de dois fios. Trata-se de uma clara representação do enterramento do machado de guerra e, como mostra o seu nome, essa carta encarna a paz. A presença dos louros indica que essa paz não é fruto da casualidade, mas sim uma paz vitoriosa, adquirida mediante esforço valoroso. As grinaldas vermelhas eram utilizadas na antiga Roma para atribuir caráter sacro àquilo que circundavam, geralmente um acordo ou um pacto.

Sentimentos: Anuncia um período de calma e harmonia no âmbito afetivo. Os conflitos de casal serão resolvidos e as tensões afetivas diminuirão. Se o consulente tem um relacionamento, experimentará um período de bem-estar e de tranquilidade. Se, pelo contrário, estiver sozinho, encontrará o equilíbrio e o sucesso pessoal, mesmo que não seja o momento para acabar com a sua solidão.

Profissão: A atividade profissional evolui tranquilamente. A sua capacidade e discernimento poderão levar o consulente a um acordo vantajoso nos seus negócios. As relações com os colegas e sócios serão reforçadas e, como consequência disso, vão começar interessantes projetos. No caso de litígio ou desacordo importante, surgirá uma solução que vai satisfazer ambas as partes. Se a pessoa tem experimentado dificuldades financeiras, agora começará a viver uma situação mais tranquila e segura.

Saúde: A saúde será fortalecida. O consulente sente-se bem consigo mesmo e tem bom equilíbrio físico e mental. A ansiedade, a angústia e as dúvidas dissipam-se e chega um período de paz emocional, harmonia, serenidade e calma que revitalizará o corpo e o espírito.

Espírito: A paz de espírito deriva do fato de ter escolhido o caminho correto; não é fruto da inconsciência nem, pelo contrário, de dolorosos esforços. É anunciada serenidade interior e claridade intelectual que acaba com os sentimentos de insegurança sobre o futuro.

Síntese: A paz dissolve todos os conflitos e tensões. É anunciada tranquilidade de espírito que levará a uma conciliação e resolução de todos os conflitos pendentes, mesmo com os conflitos pessoais de forma serena e amigável. Essa carta permite o equilíbrio de energias físicas, mentais e espirituais.

27 - A União

27 – A UNIÃO

Sobre um altar de ouro ornamentado com flores, dois corações unidos resplandecem no centro de um fogo laranja, a cor do matrimônio e o flâmeo, o véu das noivas na antiga Roma. O amor e a paixão terminam em uma união oficial, como sugere a presença do altar. Essa carta representa o matrimônio e o compromisso, mas também as associações, as alianças e as relações profundas.

Sentimentos: São reafirmadas a aliança e a harmonia no relacionamento, assim também em todas as relações afetivas. Compromisso ou matrimônio em um futuro próximo. Se o consulente não estiver com ninguém, se anunciará um relacionamento. A carta é propícia para todo tipo de projetos familiares. Se aparece invertida poderá, contudo, pressagiar uma ruptura ou um divórcio.

Profissão: Acordos que implicam a assinatura de um contrato. Não se trata de uma simples associação, mas de um acordo legal e estreito entre duas pessoas. Essa carta favorece a concessão de ajuda financeira: hipotecas, empréstimos e subvenções.

Saúde: O consulente tem um nível de energia extraordinário. Ausência de preocupações relacionadas com a saúde física. Em nível mental, se experimentará um período de calma e harmonia interior.

Espírito: Simboliza a harmonia mediante a união interna a três diferentes níveis: físico, mental e espiritual. O consulente aprende a oferecer a si mesmo aquilo que precisa e depois a oferecê-lo aos outros. A união com o extremo começa com a união interna.

Síntese: A união estende-se a todo tipo de relacionamentos. Mesmo que o seu caráter seja principalmente afetivo, a união também poderá ser econômica ou profissional.

28 - A Família

28 – A FAMÍLIA

Uma galinha dourada com as asas abertas para proteger os seus cinco pintinhos procura comida para alimentá-los. O ambiente é de proteção e calidez. A galinha protetora simboliza a família e os laços de sangue, mas também os laços afetivos e espirituais. Os cinco pintinhos representam os cinco elementos que o alquimista nutre: a água, o fogo, o ar, a terra e o éter, os diferentes planos do ser pelos quais é preciso velar. Essa carta recebe também o nome de "O Pelicano", um animal considerado modelo de paternidade, capaz de se sacrificar pelos seus filhotes até o ponto de dar a vida por eles.

Sentimentos: Um vínculo familiar profundo e sincero, baseado em profunda sensibilidade e abnegação impregnada de harmonia, cria-se ou se amplifica. Pode anunciar gravidez (ampliação do vínculo familiar) ou matrimônio (criação do mesmo). Também pode mostrar qualquer tipo de acontecimento familiar importante.

Profissão: Essa carta favorece a criação e a consolidação de empresas familiares, trabalhos de casal, em grupo ou associações entre amigos. Se o consulente trabalha junto aos seus seres queridos, anuncia-se fortalecimento dos vínculos familiares que se traduzirá em um melhor ambiente de trabalho. Em caso contrário, indica a necessidade do consulente de abandonar a sua profissão e começar nova etapa perto da sua família.

Saúde: Em caso de doença, essa carta pode indicar que a doença tenha origem genética, mas que o consulente poderá contar com o apoio da sua família e que não se sentirá sozinho. Se possui boa saúde, essa carta garante que a boa saúde continuará, graças ao ambiente de proteção e serenidade ao redor do consulente.

Espírito: Encontros com pessoas que formarão parte da nossa família espiritual e que percorrerão conosco o mesmo caminho de iniciação.

Síntese: Essa carta está associada à existência dos vínculos familiares e aconselha que levemos em conta, tanto fonte de apoio quanto de obrigações. Anuncia acontecimentos dentro do ambiente familiar: nascimentos, reencontros, criação de uma empresa etc.

29 - O Amor

29 – O AMOR

Sobre um grande pássaro dourado com as asas abertas, dois corações de cor laranja se consomem de amor no centro de uma grinalda de rosas vermelhas e folhas verdes. O pássaro, provavelmente, uma pomba, representa a paz, a doçura, a pureza e vela para que a união dos corações permaneça. Essa carta simboliza o amor em todas as suas manifestações mais sinceras e profundas – a amizade, o amor conjugal, filial, místico etc. Trata do amor construtivo e tranquilo e não da paixão que é um sentimento mais efêmero.

Sentimentos: O amor verdadeiro e intenso vence, sobretudo, e brilha com espontaneidade. O consulente descobre a felicidade de amar e ser amado e sai da sua solidão. Poderá experimentar sentimentos muito fortes que já conhecia, mas que até agora não tinha se atrevido a viver plenamente.

Profissão: Experimenta-se o amor pelo trabalho bem feito ou sensação de felicidade pelo trabalho que se faz. Uma relação ou um encontro no lugar de trabalho poderá ser fonte de grande satisfação. O consulente deixará de lado, durante um tempo, os assuntos financeiros.

Saúde: O consulente sente-se bem consigo mesmo, tranquilo e equilibrado. As energias regeneram-se sozinhas. Em caso de doença, o entorno e uma equipe médica amigável o ajudarão a superar a doença com mais rapidez.

Espírito: O consulente atravessa uma etapa de forte demanda afetiva e busca os sentimentos mais autênticos, profundos e sólidos. Precisa amar e se sentir amado e se entrega totalmente no seu relacionamento afetivo. Os que pratiquem alguma doutrina espiritual que proíba ou menospreze o amor se rebelarão e se afastarão pouco a pouco dela.

Síntese: Amor, felicidade, paixão amorosa, carinho profundo. Embora o amor não resolva todos os problemas e dificuldades, dá uma força especial que ajuda a enfrentar qualquer tipo de adversidade.

30 - A Mesa

30 – A MESA

Uma simples natureza morta, formada por uma ânfora e dois cálices. Imagem da pintura do gênero com objetos relacionados a momentos cotidianos e familiares, mas também associados às celebrações. A ânfora contém uma bebida (o masculino) e os cálices seriam os receptores (o feminino) que simbolizam a comunhão com o divino. O cálice da salvação.

Sentimentos: Expansão afetiva, reuniões, festas, eventos. É um momento de extroversão e de celebrações, talvez de matrimônio. Tempo de viver, degustar a existência e suas pequenas alegrias. A vida é generosa com o consulente e ele deve difundir essa generosidade entre as pessoas que estão ao seu redor. Em um sentido mais geral, é uma carta vinculada aos contatos e às habilidades sociais e comunicativas.

Profissão: Essa carta faz referência a profissões relacionadas com a restauração e a hotelaria. Se o consulente trabalha nesse âmbito, a carta anuncia sucesso e prosperidade. Em um sentido mais geral, mostra reuniões e encontros muito frutíferos em nível profissional: situações paralisadas serão resolvidas graças a novos contatos e alianças. De qualquer maneira, o mais comum é que se refira aos trabalhos que implicam contato com o público, atenção ao cliente, serviços, ou a projetos nos quais participa uma grande equipe.

Saúde: Cuidado com os excessos. O corpo é o seu templo, vigie a alimentação e os maus hábitos, mas sem renunciar, sem flagelar e sem excesso. Dependendo das cartas que a acompanhem, essa carta pode indicar problemas sérios com o álcool.

Espírito: Mostra um momento alquímico. A comunhão, o pão e o vinho na eucaristia, o alimento espiritual. O sangue de Cristo, o santo graal e a água do batismo e da redenção. Na Antiguidade, a ânfora simbolizava o ser humano. Aconselha a busca do equilíbrio entre o material e o espiritual e faz isso em um momento em que o consulente está capacitado para discernir e obter esse equilíbrio. Um momento de serenidade e reconstrução, depois de fases de ressentimento e de autocompaixão.

Síntese: É a carta dos pequenos prazeres que desfrutados com delicadeza proporcionam momentos deliciosos. Época fértil nos relacionamentos, fala de diálogo, de intercâmbio de ideais, de compartilhamento. Anuncia reuniões (se são lúdicas serão muito agradáveis e se são negócios, serão muito produtivas), boa companhia, celebrações e aconselha uma atitude aberta perante os novos contatos.

31 - As Paixões

31 – AS PAIXÕES

Sobre um galo dourado aparecem dois corações atravessados por uma seta, feridos pelas setas da paixão e consumidos pelas chamas. O galo simboliza o orgulho e a dignidade, enquanto que o coração é o órgão vulnerável dos sentimentos que quando é alcançado pelas setas incendiárias obscurece a razão e a autoconsciência. Os corações flutuam coroando o galo em uma composição que recria o efêmero, a volatilidade das paixões humanas. Fala de um caráter impulsivo, primário e reativo.

Sentimentos: Amor apaixonado que pode chegar a ser demencial. Todos os sentimentos exacerbam e pode se cair na perda das proporções. Esse tipo de paixão é o ambiente perfeito para os ciúmes e a possessão, assim também para a cegueira e a idealização do outro. Em um sentido mais geral, a paixão pode se traduzir em precipitação, impulsividade, sentimentos irracionais que podem destruir uma amizade e que se tornam também autodestrutivos. Posições extremistas nas relações familiares que só incentivarão e acentuarão os conflitos. Não obstante, trata-se de uma advertência porque, como já dissemos, a paixão bem canalizada é uma força da natureza que nos prepara para nobres gestos e grandes resultados.

Profissão: A paixão no trabalho associa-se com a vocação. O consulente ama o seu trabalho ou – dependendo das cartas que apareçam junto a essa carta – precisa assumir a sua verdadeira paixão e mudar o rumo. Essa carta está diretamente relacionada com a energia artística e intelectual, independentemente do âmbito profissional. Fala de total envolvimento em projetos fascinantes, mesmo que novamente a paixão descontrolada e alienante possa provocar agressividade e rivalidade desmedidas e amorais. Contudo, recomenda-se prudência, pois é preciso encontrar o equilíbrio entre coragem, paciência e ética.

Saúde: O excesso de energia, agressividade, beligerância, pro-atividade não canalizadas e mal dosadas podem se traduzir em doenças tanto físicas quanto psicológicas. É preciso também estar alerta em relação aos excessos e ao abuso relacionados com a comida e a bebida.

Espírito: É um momento em que o instinto vence a reflexão. É necessário acalmar os ânimos sem perder entusiasmo e canalizar as energias de forma racional e prazerosa. Por outro lado, em um sentido mais esotérico, o galo na maçonaria simboliza "O despertar interior do homem, a vitória da Luz sobre as trevas, mostrando também a necessidade de vigilância que devemos ter sobre os nossos atos, não permitindo que nada nos afaste do caminho da Verdade, da Justiça e da Honra".

Síntese: A paixão libera uma força descomunal capaz de levantar colossos, mas também de destruir tudo ao seu redor. Essa carta, em definitivo, fala de uma explosão de energia que precisa ser dirigida e canalizada. A capacidade de luta aumenta quando há motivação; o desejo é o impulso primordial da existência humana, mas também resulta escravizador. A paixão torna-se veneno quando se transforma em teimosia, cegueira, agressividade e obsessão.

Cartas sob a influência de Marte

O deus Marte é o senhor absoluto da guerra e normalmente é representado com armadura, lança e espada. Os romanos lhe ofereciam sacrifícios antes da batalha. Astrologicamente, associa-se com a ação, a energia masculina, a coragem, a audácia e a luta por obter o que se deseja. Nos seus aspectos mais negativos, Marte está relacionado, então, com a agressividade, a crueldade, a impulsividade temerária e a provocação, e as cartas sob a influência estão relacionadas tanto com a cara quanto com a coroa do grande poder do deus da guerra. Essas cartas são as seguintes: 32- A Maldade, 33- A Briga, 34- O Despotismo, 35- Os Inimigos, 36- As negociações, 37- O Fogo, 38- O Acidente.

32 - A Maldade

32 – A MALDADE

Um punhal e um farol ligado ilustram a carta da maldade. O punhal, o símbolo de vingança ou sacrifício e a lanterna, portadora de luz. A luz pode ser interpretada tal qual proteção ou cautela, mas a combinação de farol e arma também evoca tramas e obscuras conspirações. Na carta, um punhal aparece de costas à luz que quase sempre indica algo oculto ou reprimido.

Sentimentos: Fala de sentimentos negativos e alerta acerca da possibilidade do consulente se tornar "vítima" de sentimentos alheios e também alerta sobre os próprios sentimentos tóxicos e a agressividade. Dessa forma, o conselho é cuidar das próprias costas e também das entranhas. Essa carta representa o ciúme, a inveja, a calúnia, o ressentimento, a traição e, portanto, as relações afetivas não saudáveis, as infidelidades e, dependendo das cartas que a acompanham e que definem o seu grau de negatividade, os maus-tratos.

Profissão: Ambiente de trabalho nocivo, provocado por intrigas, ciúmes profissionais, más práticas. Advertência sobre um possível complô ou uma traição. Fala de assédio laboral explícito ou de uma dissimulada rivalidade, suja e agressiva. Se o consulente estiver à procura de emprego, essa carta indica muitas dificuldades para encontrá-lo. Tangencialmente relacionado com o tema profissional, o panorama no âmbito financeiro e econômico também torna-se pouco estimulante, mesmo que o farol abra uma fresta para a esperança (as outras cartas da tiragem marcarão o tamanho da fresta).

Saúde: Mal-estar físico intenso. A falta de harmonia do corpo físico traduz-se em doenças que se somatizam de um modo ou de outro. As situações apresentadas nos parágrafos anteriores geram estresse e o estresse enfraquece o sistema imunitário e pode provocar transtornos psicológicos. Não é uma carta associada diretamente ao tema saúde, mas os possíveis danos colaterais são evidentes.

Espírito: O consulente deve encontrar um atalho, deve bloquear e anular os pensamentos negativos. Se você acalmar a sua mente vai surgir uma luz espiritual a transmutar as emoções negativas. Basta acender uma pequena luz para que as trevas desapareçam. E as trevas, às vezes, são apenas crenças erradas. O pensamento é criativo: escolha a luz, enterre o punhal e se afaste da escuridão, principalmente se ela tem nome e forma humana.

Síntese: A maldade não é exatamente uma carta negativa, trata-se pelo contrário de uma carta de advertência. Há um perigo, uma ameaça, mas há também luz. O inimigo pode estar tanto fora quanto dentro de nós, mas também no nosso interior está a luz. As escolhas são a chave perante qualquer situação não harmônica. Também é a carta do reprimido, do não expresso, talvez um sentimento em relação a alguém, um talento, um desejo ou uma carência.

33 - O Pleito

33 – O PLEITO

As espadas estão levantadas. A luta é inevitável. A simbologia dessa carta é muito clara: duas espadas cruzadas falam sem dúvida de confrontação ou, pelo menos, de dualidade. As espadas representam o poder e também a lei e a ordem. Como o seu nome indica, a briga é a carta dos litígios e dos confrontos. Alguns autores associam a imagem das duas espadas cruzadas com a imagem da balança e o anúncio das forças que se equilibram.

Sentimentos: Desentendimentos e desencontros. Em consultas estritamente amorosas, essa carta anuncia ruptura e divórcio (dependendo das cartas que a acompanhem pode se tratar, no melhor dos casos, de algo temporário que se resolverá). Também fala de duras discussões com as pessoas mais próximas. Atos impulsivos realizados sem medir as consequências provocarão dor nos relacionamentos.

Profissão: Disputas no âmbito laboral, ninguém está disposto a ceder ou a fazer concessões. A situação pode piorar até o ponto de requerer litígio judicial. No terreno laboral, essa carta também pode indicar concorrência para obter um posto de trabalho. Se as cartas que aparecem junto à briga têm um valor positivo, o consulente será o escolhido.

Saúde: Risco de doença. Perigo por diagnóstico errado: prudência no momento de escolher um tratamento, uma terapia ou uma medicação.

Espírito: A função da arma não é a destruição, mas sim a purificação, os atos de justiça redimidos. O combate de esgrima é luta, é violência, mas também é arte, ritmo, quase dança. Toda pessoa acostumada com as armas, em contato com elas, sabe que é preciso usá-las com extrema sensatez. A palavra é uma arma muito poderosa, por isso, é imprescindível pensar antes de falar. O verbo pode ser um dardo mortal e, uma vez lançado, não há modo de neutralizá-lo.

Síntese: Carta de litígio e de combate. Fala de oposição, de desacordo, de desentendimentos, em definitiva de luta, seja qual seja o âmbito de consulta. Alerta sobre a impulsividade e mostra que se houver controle dos impulsos e reflexão antes de se passar à ação (ou a palavra), a disputa permitirá a purificação e a transmutação.

34 - A Tirania

34 – A TIRANIA

É a carta do prisioneiro. Um escravo amarrado a um poste como se fosse uma besta. As suas mãos estão imobilizadas pela corda que fere os seus pulsos. É o símbolo da submissão, da dependência, do sacrifício, das relações de poder. O consulente é vítima de uma força que o supera, ou está sofrendo as consequências de uma situação injusta. Também pode se referir aos jugos autoimpostos, isto é, ao medo à mudança, à imobilização, ao apego a uma zona de conforto.

Sentimentos: Respeito aos relacionamentos, essa carta indica dominação, dependência patológica. Um dos cônjuges tem sido ou está sendo subjulgado. Uma situação angustiante que acaba por anular completamente a vítima. A parte dominada perde seu sentido de identidade e vive com medo, incapaz de acabar com o relacionamento.

Por outro lado, essa carta também pode indicar que o consulente ou o indivíduo sobre o qual está sendo feita a consulta, exerce influência sufocante sobre as pessoas do seu entorno.

Profissão: Esforços não reconhecidos em um ambiente de não valoração, sem incentivos, a motivação está condenada à morte. O despotismo e/ou a negligência dos superiores gera nos trabalhadores a chamada síndrome do funcionário (*burnout* – queimado – no âmbito anglo-saxão). Fala de uma atmosfera de múltiplas exigências, de humilhação, de trabalho mal remunerado, de horários intermináveis. Também pode advertir sobre o perigo de que alguém em um posto superior lhe roube uma iniciativa ou ideia, ou obstaculize um projeto de forma arbitrária. Indica também a escravidão das dívidas.

Saúde: Depressão, astenia, perda de apetite, perda de vitalidade. Fadiga crônica. Todas as expressões físicas da falta de motivação e estímulo.

Espírito: Para muitas das religiões monoteístas, o sacrifício é um possível caminho até a elevação espiritual. Em um sentido espiritual mais amplo, a carta aconselha que você não abaixe os braços como o homem da ilustração, que você enfrente o inimigo, o opressor, seja esse real ou reflexo de algo próprio, porque pode ser que seja você mesmo a se tiranizar. Lembre-se que o sacrifício também pode ser generosidade e fortaleza, mas vigie, priorize algo externo a você, se anular para apoiar os outros pode tirar as suas energias e desequilibrar a sua vida. Não se amarre, não se escravize, cresça e ofereça aos outros, mas não imole o seu ser.

Síntese: Semelhante ao homem da ilustração, o consulente parece ter abaixado a cabeça e ter aceitado o seu destino. É a carta da resignação, da expiação, da penitência, dos sentimentos de culpa que como cargas pesadas não nos permitem avançar e nos mantêm amarrados. Fala de paralisia existencial e de submissão, mesmo que outra leitura mais benévola (que pode estar vinculada a cartas mais positivas) a associe a um momento que requer paciência e confiança.

35 - Os Inimigos

35 – OS INIMIGOS

Uma serpente com a língua em forma de seta enrola-se a uma espada em posição vertical. A visão de uma serpente sempre nos coloca em estado de alerta, portanto, trata-se de uma carta de advertência: hostilidade, possível agressão física ou moral. Não se trata de um inimigo nobre ou frontal, mas sim de um inimigo que atua sub-repticiamente, buscando com sigilo o melhor lado para atacar. A serpente espalha as vibrações inferiores, o negativo, e a espada representa a defesa, o poder, mas também a fatalidade. É a carta das conspirações e da calúnia. Uma ameaça que permanecia oculta aproxima-se lenta e sibilinamente e provém de alguém do entorno. O que motiva o possível traidor são os ciúmes, a inveja ou talvez a vingança.

Sentimentos: Relações decepcionantes, frustração tanto no amor quanto na amizade. Alguém muito próximo pode se tornar um inimigo perigoso. A inveja, a rivalidade extrema, os ciúmes são espíritos poderosos que dominam e corrompem mesmo os seres mais queridos. Momento não indicado para colocar as mãos no fogo por ninguém. Porém, seja precavido e evite a paranoia porque essa pode se tornar um inimigo muito pior: o inimigo interno.

Profissão: Concorrência desleal. Derrubada no âmbito laboral. Ambiente hostil para o consulente. Uma única vaga ou promoção para vários candidatos vai gerar um ambiente difícil e vai tirar oportunidade de alguns. Também pode indicar ciúmes profissionais ou representar uma pessoa desleal que tenta ascender sem escrúpulos e que vai recorrer ao jogo sujo (armadilhas, calúnias, roubo de ideias). Suspeite. A carta representa também negócios turvos e adverte sobre o risco de emprestar dinheiro, investir ou criar sociedades (de novo indica desconfiança ou, pelo menos prudência). No âmbito financeiro pode significar maus conselhos.

Saúde: A tensão gerada pela situação supõe problemas psicológicos e anímicos. Essa carta também alerta sobre maus hábitos (quando o inimigo somos nós mesmos). É aconselhável algum tipo de desintoxicação.

Espírito: Conflito entre a mente consciente e a mente subconsciente. Na tradição judaica-cristã a serpente simboliza o pecado, representa o mesmo demônio, o mal em forma de animal. Não obstante, a história de Adão e Eva também pode ser interpretada no sentido contrário e, nesse caso, fala de rebeldia. No plano espiritual, a carta dos inimigos também pode fazer referência ao conflito entre a mente consciente e a mente subconsciente, entre quem somos e quem nós acreditamos que somos. É necessário deixar sair o escuro para poder voltar à luz.

Síntese: A carta dos inimigos, na sua interpretação geral, adverte acerca de situações ambíguas que convêm aclarar antes que se fortaleçam e apodreçam, e recomenda precaução com hipocrisias e imposturas cotidianas. Trata-se de detectar o mal e de se proteger sem cair na misantropia e sem voar pontes indiscriminadamente. Precaução, portanto, em todos os âmbitos. Mesmo que os conflitos sejam inevitáveis, a prudência diminuirá a gravidade.

36 - As Negociações

36 – AS NEGOCIAÇÕES

Três pássaros pousados nas ramas de uma árvore parecem piar um com outro e um deles começa a voar para alcançá-los. Pelas atitudes das aves, não parece que a "conversação" seja muito cordial, pode se dizer que se trata de uma discussão. O quarto pássaro vai se juntar aos outros, mas não se sabe se será para mediar ou agravar a disputa. A carta representa uma discussão na qual está envolvido o consulente. Como o nome da carta sugere, pode se tratar de algum tipo de negociação, mas também pode se referir a uma briga verbal ou a um intercâmbio apaixonado de ideias.

Sentimentos: Sentimentos defendidos com paixão. Se o consulente é um solitário vocacional, a carta o convida a sair do isolamento, a se comunicar. Fazer um pequeno esforço a respeito pode proporcionar insuspeitadas recompensas. Discussões conjugais. Desencontro com amigos por temas ideológicos; algum intercâmbio verbal tem gerado ofensas não intencionadas e distanciamento.

Profissão: Em geral fala de contratos, geralmente de compra e venda, que precisarão de negociações e barganha. Profissionalmente, é a carta das controvérsias, que serão resolvidas em reuniões de trabalho. É o momento de enfrentar a situação, de falar com segurança, de expor os projetos com convicção e entusiasmo; se a energia for bem canalizada serão obtidos acordos interessantes. É provável que a solução equilibrada, a luz, seja proporcionada por alguém de fora (lembre-se do simbolismo da ilustração da carta).

Saúde: Excessivo desgaste energético. Em relação à saúde mental, a carta pode sugerir a necessidade de expressar o desacordo sem reprimi-lo em uma determinada situação, de verbalizar algum conflito para evitar a somatização.

Espírito: É tempo de defender as próprias ideias de forma sossegada, sem as impor e de mostrar tolerância com as ideias alheias sem ver como uma ameaça que os outros defendam as suas ideias. No sentido espiritual também fala de conciliação, de assumir o papel apaziguador em um conflito. E, no plano esotérico, os três pássaros simbolizam o corpo, a alma e a mente, enquanto que o quarto, que descende do mais alto, representa a inspiração.

Síntese: A discussão, o debate pode se viver como conflito, mas também como negociação diplomática e enriquecedora. O objetivo é achar um ponto de encontro e, se não se perde de vista este objetivo, as discussões são necessárias e saudáveis. Não cair em armadilhas e círculos viciosos e estar aberto a novos enfoques e opiniões externas. O intercâmbio respeitoso e aberto de ideias sempre enriquece e inspira, quando "ter razão" não é o objetivo.

37 - O Fogo

37 – O FOGO

Uma lanterna ligada coroa uma briga de galos. O fogo purificador sobre os símbolos do orgulho e da dignidade. Os galos nessas circunstâncias representam também a impulsividade, a agressividade, o combate até a morte, que interpretado positivamente associa-se com o espírito lutador e com a coragem perante as dificuldades.

É isso justamente que anuncia essa carta: uma luta encarniçada. Seja por sucesso, por um amor ou por um projeto, haverá muitos obstáculos entre o consulente e o objetivo. Por sua vez, essa carta também mostra que há condições e poder para enfrentá-los.

Sentimentos: A carta do fogo fala de um amor apaixonado com uma pessoa talvez afim demais. Às vezes, resulta perturbador amar alguém que praticamente seja um reflexo de nós mesmos. Em relação aos relacionamentos em outros âmbitos, além do romântico, fala de duas personalidades fortes que se medem e entre as quais pode nascer uma amizade profunda sobre as bases da admiração e do respeito. Contudo, trata-se de relacionamentos ardentes com certa luta de poder intrínseca. Brigas e reconciliações. Talvez o consulente esteja cego por causa de uma paixão. O fogo pode gerar amantes fogosos que se doam, mas também obsessivos e destrutores.

Profissão: O fogo do entusiasmo concentrado em um projeto. Coragem para inovar, concorrência valente e enriquecedora.

No âmbito profissional, o consulente está cheio de energia, vive (ou viverá cedo) um momento audaz em que qualquer objetivo pode ser alcançado (isto também acontece no âmbito financeiro). Porém, deve vigiar o excesso de orgulho e veemência com a que defende ideias e opiniões. Provavelmente, deverá combater com um rival de grande nível.

Saúde: Tamanha energia precisa de uma alimentação adequada e de um descanso e sono, suficientes e reparadores. A carta mostra a capacidade de recuperação em caso de doença. Fortaleza física e psicológica.

Espírito: No plano espiritual essa carta anuncia revelações, intuições, palpites, grande segurança neles e em nós mesmos. Você se sente forte e capaz, mas atenção com a euforia. A lanterna simboliza a guia, que mostra o caminho. O fogo também é purificação e, em um sentido da alma, redenção, mas não sem antes ter vivido uma luta de opostos. Uma carta que se associa com as chamas purificadoras da metafísica, luz e calor que surgirão depois da noite escura da alma.

Síntese: O valor ambivalente do fogo (purificação e destruição) fica evidente em qualquer leitura dessa carta. Momento favorável em relação à concorrência física e intelectual, às nobres lutas que estimulam os audazes, mas adverte sobre o perigo da impulsividade e da precipitação eufórica. Simboliza também tudo o que queima, especialmente a paixão amorosa. Ao se referir a um rival, fala de um rival digno de respeito e admiração.

38 - O Acidente

38 – O ACIDENTE

Um raio muito poderoso surgido de uma escura nuvem alcançou a torre. A nuvem espessa e enorme indica que alguma coisa se acumulou e que chegou a hora de descartá-la violentamente. A construção tem sido destruída e também a árvore que está perto (símbolo da força vital e intermediária entre o céu e a terra). As falsas ilusões caem envolvidas em poeira. A imagem é desoladora, mas pode ter conotações positivas se a destruição for simbólica e mostrar uma mudança profunda.

Sentimentos: Ruptura, acontecimento traumático compartilhado que vai afetar o relacionamento. Incompreensões e conflitos nas relações familiares e de amizade e situações repentinas e muito tempestuosas que colocarão à prova os laços mais íntimos.

Também pode representar a cólera do próprio consulente que vai se traduzir em violência, seja em palavras ou em atos. Apesar da carta anunciar um fim abrupto, podemos ver na imagem que nem toda a torre fica destruída, uma boa parte continua em pé e a reconstrução é viável.

Profissão: Conflitos graves no entorno laboral que podem provocar mudanças, o incumprimento do contrato, ou mesmo uma demissão. Também pode fazer referência a problemas com o fisco ou com a previdência social, assim como a problemas administrativos de qualquer tipo. Perante uma operação mercantil, as negociações serão interrompidas. Em síntese, no plano profissional essa carta adverte sobre uma série fatal de circunstâncias desfortunadas que fogem de previsão e de controle e que podem alterar radicalmente os projetos que pareciam seguros e afiançados.

Saúde: Na sua interpretação mais literal, a carta mostra o risco de acidentes (sugere, sobretudo prudência em deslocamentos e viagens). De acordo com a leitura completa, a torre também representa uma crise nervosa que degenera em colapso.

Espírito: Essa carta simboliza a demolição dessa fortaleza chamada ego. Se você tem escondido o seu eu real entre grossos muros, o raio da verdade acabará com eles. O acontecimento "dramático" anunciado por essa carta, mesmo que seja duro, salvará você da sua própria couraça e você poderá recomeçar a partir da sua autêntica essência. As crises que aparecem abruptamente são autênticas despertadoras espirituais. Alguma coisa não estava certa, e nós não queríamos ou não podíamos vê-la.

Desde a antiguidade, em todas as mitologias, o raio, arma da divindade, é o flagelo dos deuses fulminado e, ao mesmo tempo, purificado. Na realidade, aconteceu o melhor que poderia ter acontecido: este raio forçará você a fazer algo por você mesmo que talvez nunca tenha feito.

Síntese: A Torre anuncia desengano inevitável. Será doloroso, mas é necessário, equivalendo ao trabalho do traumatologista ao colocar novamente o osso no seu lugar: a dor é terrível, mas depois dela tudo se encaixa, tudo funciona novamente. Ou como o tapa oportuno que acaba com o ataque de histeria. De qualquer forma, e mesmo que seja preciso se lembrar de que há uma nuance positiva, a advertência dessa carta não deve ser subestimada. É preciso ter muita prudência e uma mente aberta para fazer o que for preciso e controlar as mudanças.

Cartas sob a influência de Júpiter

Deus de deuses, rei do céu e da terra, Júpiter todo-poderoso, juiz justo e amante promíscuo, é um deus carismático e playboy. Simboliza a autoridade e também o sucesso e as honras. As cartas sob a sua influência fazem referência às habilidades sociais, à expansão, à vitória, a uma vida vivida com paixão e intensidade. São as seguintes: 39- O Apoio, 40- A Beleza, 41- A Herança, 42- A Sabedoria, 43- A Fama, 44- A Mudança e 45- A Felicidade.

39 - O Apoio

39 – O APOIO

Uma águia coroada, símbolo universal do poder absoluto, está pousada sobre um globo dourado que representa o mundo. A águia é o poder, mas também é a proteção. Todo bom monarca exerce a sua autoridade e, ao mesmo tempo, cuida dos seus súbditos. Essa carta fala de uma pessoa poderosa e influente que vai apoiar o consulente, ou o próprio consulente ajudará outras pessoas. Esse personagem poderoso é alguém muito lúcido, de ideias claras, um conselheiro sagaz.

Sentimentos: Laços sinceros, as relações das quais fala essa carta são sólidas, estáveis. É também a carta da lealdade e do apoio (com certa nuance paternal) que vão florescer no entorno social e familiar. Pode também falar de uma união romântica paternalista, talvez super protetora ou, então, de um compromisso sentimental conveniente em termos práticos. Contudo, representa uma pessoa respeitada e admirada pelo consulente que oferecerá proteção (seja como companheiro, parente ou amigo) e que, em troca, esperará lealdade. O amigo incondicional que sempre estará com você quando você precisar.

Profissão: Projeto que deve ser realizado, a pessoa vai encontrar apoios financeiros ou pessoas prontas para contribuir com a sua ajuda, conselhos e sugestões. Fala de um sócio ou mecenas proativo e enérgico. A sua inteligência é construtiva e não servirá apenas de apoio, mas também de inspiração.

O futuro profissional ou empresarial do consulente, graças a essa influência excelente, se constrói sobre bases sólidas. Talvez seja o consulente quem ajude algum novato com potencial. A carta também pode anunciar novo cargo de autoridade.

Saúde: Excelente forma física e equilíbrio. Força e temperança interiores que geram como resultado um estado de bem-estar físico e psicológico.

Espírito: É a carta da energia masculina, da ação e da reação. Nesse momento, independentemente da questão consultada, a mente domina o coração. Provavelmente, o consulente encontre-se perante uma situação caótica, sem rumo, e essa carta aconselha a assumir o controle e se organizar, fazer uso do próprio poder, ou então se deixar guiar pelo mestre indicado. Entretanto, deve abrir as asas com poder e confiança. Não em vão a águia tem sido considerada o animal sagrado na maioria das culturas. Para os nativos americanos é portadora de proteção e sabedoria.

Síntese: A águia, ave solar, proporciona coragem e discernimento. É uma carta que fala de proteção, estabilidade e segurança. Período idôneo para conseguir ajudas e alianças porque essa carta representa a ordem e a autoridade, assim como as figuras que a personificam e que estarão a favor do consulente, seja qual seja o âmbito da consulta.

40 - A Beleza

40 – A BELEZA

Os três elementos que compõem a imagem: a flor, o coração e a coroa simbolizam respectivamente a beleza, o amor e o poder e estão carregados de energia positiva e de bons presságios. Na imagem, vemos como a simples flor com reminiscências de cálice recebe um coração coroado. O conjunto pressagia felicidade estável e harmonia. Os desejos se cumprem. A carta convida a alimentar o lado belo e artístico da vida, a festejar a beleza e a procurar a poesia no cotidiano.

Sentimentos: Sucesso nos assuntos do coração que nesse caso estão relacionados com sentimentos sinceros e profundos, com o lado mais amável da sedução, uma sedução que será harmônica, honesta e prazerosa sem imposturas nem teias de aranha. Felicidade conjugal. Nas relações de amizade ou familiares indica encanto, cortesia, ambiente sereno e prazeroso, carregado de pequenos detalhes. Relações que fluem muito bem, pessoas afins que compartilham a alegria de viver e o amor pela beleza. Também, no seu sentido mais literal, pode se referir a uma pessoa de grande beleza física e, nesse sentido, de acordo com a tiragem, é uma carta relacionada com a sensualidade e o desejo.

Profissão: Profissões relacionadas de uma forma ou de outra com a beleza, não apenas a beleza artística, mas também as delicadezas da beleza no seu sentido mais cotidiano (a estética, a moda, as tendências). Criatividade e inspiração em torrentes.

É uma carta sempre positiva e, portanto, pressagia sucesso e prosperidade nesse campo. É o momento indicado para confiar nas influências positivas e de relaxar, pois tudo sairá bem. É suficiente deixar fluir as excelentes condições.

Saúde: A harmonia espiritual reflete-se no estado geral. O sistema imunológico se vê reforçado, a energia renovada. Não há ansiedade, é um momento doce que expressa beleza serena e bem-estar.

Espírito: A beleza enobrece, a beleza é parte imprescindível da plenitude. Mesmo que historicamente, no Ocidente, a beleza tenha sido associada com o mal, com o diabo e com a tentação, na verdade, a beleza no seu sentido mais profundo está intimamente relacionada ao espiritual. De fato, os três ícones que aparecem na carta são os símbolos dos três chacras principais: a flor é o chacra raiz (muladhara), e o coração e a coroa são os chacras que recebem exatamente esses mesmos nomes: coração e coroa (anahata e sahasrara). O consulente está no caminho da plenitude, o equilíbrio entre matéria e espírito conduz à paz. Amar e apreciar a beleza asserena a alma e eleva o espírito. É o momento dos nobres ideais, de se afastar da escuridão, de tudo do que nos afasta do eu mais puro e precioso (pessoas, hábitos, ambientes, trabalhos) e se submergir no amor universal e na realização da versão mais harmônica de nós mesmos.

Síntese: De acordo com o seu nome, trata-se de uma carta diretamente relacionada com a arte e a beleza e favorece todas as suas manifestações. A sua aparição garante que por fim, depois de uma larga e dura travessia, o consulente encontrará a paz e a felicidade que merece. Somente precisa confiar em si e no universo. Abrir o coração e criar sem medos, nem dúvidas. Os desejos cumprem-se em um ambiente harmônico, a paz interior faz ver tudo, o belo que nos circunda e vice-versa.

41 - A Herança

41 – A HERANÇA

Apesar de nessa carta aparecer um crânio, essa carta não necessariamente equivale à carta da morte no tarô tradicional. Nesse caso, a caveira simboliza transformações profundas e o passo inexorável do tempo está representado por um relógio de areia que marca também o cumprimento dos ciclos constantes. O pergaminho fala do passado e também da transmissão geracional do conhecimento. A carta da herança representa o passado do consulente, e é fundamental conhecê-lo para se compreender o presente. Também o passado está relacionado, portanto, com o legado dos nossos antepassados e com a tradição. No seu sentido mais literal essa carta fala de uma herança e, de qualquer forma, indica enriquecimento ou um presente. Na sua acepção mais material, um presente entendido por um talento.

Sentimentos: No âmbito dos sentimentos, é uma carta estreitamente relacionada com a família. Indica respeito e transmissão das tradições familiares, assim como proteção do patrimônio (de acordo com as outras cartas da tiragem pode haver tensões nesse sentido). No que diz respeito aos relacionamentos afetivos românticos, normalmente, prevê uma evolução na profundidade de um relacionamento, evolução pausada que vai estreitar laços. Tempo e sabedoria são primordiais para que as relações sejam sadias e maduras. Contudo, essa carta se refere a uma forma conservadora e reflexiva de se relacionar tanto em nível familiar quanto social.

Profissão: O tempo é um poderoso aliado em questões profissionais. Essa carta mostra isso e fala dos frutos da perseverança. A colheita será rica se a semeadura for sabia. O mesmo acontece em relação aos investimentos: aqueles que foram feitos com um olhar de longo prazo terão ótimos resultados. No seu sentido mais literal de herança, extrapolado ao âmbito laboral, essa carta fala de uma boa bagagem em relação à experiência e conhecimentos que ajudarão a ter um desempenho excelente em um trabalho ou em um projeto. Pode se tratar de uma gratificação econômica por resultados, de um aumento de salário ou de um empréstimo concedido, que permitirá o início ou o aperfeiçoamento de uma empresa. De qualquer forma, essa carta indica o cumprimento das expectativas do consulente.

Saúde: É a carta das doenças hereditárias (de acordo com as cartas que estejam junto dela poderemos entender mais ou menos o nível de gravidade da doença). No que diz respeito ao âmbito psicológico, a herança representaria o trabalho psicanalítico, a necessidade de curar o passado para a reconstrução do próprio ser.

Espírito: A imagem da carta é especialmente esotérica; o pergaminho associa-se com a sabedoria ancestral, mesmo com os registros akáshicos e também com a magia e as mensagens secretas. Em um plano espiritual mais profundo, a carta aconselha assumir o vivido, tornar conscientes as feridas subconscientes que estejam boicotando ou bloqueando a realização do seu autêntico ser. A premissa é sair do círculo vicioso, não repetir erros e mudar de hábitos. Escolher, finalmente, a determinação de se curar. Da mesma forma, que em qualquer dos outros âmbitos já descritos, as chaves são a reflexão, a perseverança e a paciência.

Síntese: Essa carta no seu sentido mais geral fala de enriquecimento, em qualquer dos três planos (material, intelectual ou espiritual), de legados e de valores tradicionais, sem perder de vista as diversas nuances que já descrevemos nos pontos anteriores. A combinação simbólica da caveira, o pergaminho e o relógio de areia representam a necessidade de canalizar as experiências passadas para construir futuro pleno. Os projetos tornam-se realidade com sucesso em qualquer âmbito, sempre que a base seja sólida. É fundamental não queimar etapas, acumular sabedoria e saber reconhecer o momento oportuno em que tudo detonará, como se fosse fogos de artifício.

42 - A Sabedoria

42 – A SABEDORIA

Uma coruja de expressão hierática nos observa com os seus olhos dourados. Essa ave de rapina noturna é o símbolo tradicional da sabedoria e do conhecimento, e a coroa, como já explicamos em outras cartas, indica poder e autoridade. Fala de lucidez nas decisões que nunca serão impulsivas, mas sempre reflexivas, meditadas e tomadas a partir da temperança e do amadurecimento. O consulente atuará (ou deve atuar) com a serenidade e a sagacidade requeridas para resolver os problemas aos que enfrenta e para reverter qualquer circunstância desfavorável. Precisamente, uma coruja (ou uma coruja selvagem) é o emblema da deusa Atena da mitologia grega, e hoje considerada o símbolo da filosofia.

Sentimentos: Paz e harmonia no entorno familiar e afetivo. A temperança que proporciona o amadurecimento é boa conselheira se o que se procura e deseja é um relacionamento estável de sentimentos verdadeiros e profundos. A amizade também flui sem esforço, de forma espontânea e equilibrada. Fala de companheiros ou companheiras compreensivas que oferecem o seu sábio apoio carregado de ternura. É o oposto às relações tormentosas e extremas.

Profissão: Essa carta representa alguém muito competente, cuja sólida formação faz-se evidente e gera a justa valoração. Sexto sentido para dirigir empresas e investimentos. Também pode representar alguém com aptidões para o ensino. O bom mestre ou professor que transmite com carisma e paciência e que sempre é lembrado pelos seus alunos. No âmbito laboral se refere, geralmente, às atividades intelectuais e a uma sadia e frutífera atitude de curiosidade permanente. Uma evolução profissional constante e firme que levará ao sucesso.

Saúde: O indivíduo verdadeiramente equilibrado não deve temer pela sua saúde. Não há problemas que mereçam atenção, há um bom tom energético e saúde mais aceitável, como consequência da moderação e da sensatez.

Espírito: As aves de rapina noturnas observam pacientemente, podem apresentar durante horas a mais completa imobilidade. É uma imagem idônea para simbolizar a quietude da meditação. Além disso, como já descrito, a coruja é o símbolo ocidental da filosofia e também representa os professores. É um bom momento para se deixar guiar pela intuição. A coruja coroada protege e guia pelo caminho da luz lunar e da sabedoria e está irremediavelmente associada com a clarividência.

Síntese: A quietude e a atitude permanente de alerta e de observação das aves de rapina noturnas convidam a manter a calma e a confiar, sem nos deixar levar pelas turbulências e a agitação do entorno. Prudência, reflexão e cálculo milimétrico da distância até o alvo. É a carta da sabedoria e dos estudos, mas também, em um plano mais esotérico, da intuição e da clarividência. O mundo da noite pode ser muito revelado; a luz lunar protege e apazigua.

43 - A Fama

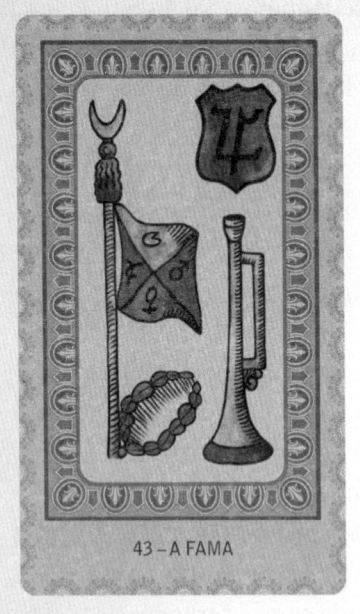

43 – A FAMA

Um estandarte onde estão quatro astros: Vênus, o amor; Marte, a energia; Júpiter, a expansão; Lua, a intuição. O mastro que o segura tem, por sua vez, uma meia-lua e do seu lado uma coroa de louro e um trompete. A coroa de louro na antiga Grécia era o símbolo do sucesso e da glória e o trompete é o instrumento anunciador por antonomásia. As suas notas anunciam honra, prêmios e homenagens. Pompa e circunstância. O brilho da fama, o tapete vermelho, o carisma, o sucesso. Pode haver também outra interpretação mais escura, dependendo das cartas que a acompanham. A glória alimenta a inveja dos medíocres, o que por sua vez estimula a calúnia e as maldições.

Sentimentos: Encontros prazerosos, habilidade social, grande facilidade para ganhar a admiração e o carinho e estreitar laços. A confiança e a autoestima, acompanhadas de encanto tornam-se irresistíveis e atraem. É uma carta associada ao mundano, ao frívolo, fala de relações prazerosas, mas não muito profundas. É o momento da diversão, de estabelecer contatos rentáveis, refere-se mais ao gregário que ao romântico. Popularidade em pequena ou grande escala (no círculo social ou em níveis mais gerais).

Profissão: Talento e carisma reconhecidos e recompensados. Sucesso, independentemente do caminho escolhido, especialmente naqueles âmbitos que requerem algum nível de exposição. Prosperidade econômica e tempo de ornamentos. Fala de uma pessoa brilhante no seu entorno laboral, com aptidões que transcendem o campo estritamente profissional. Já que o brilho é muito grande, é preciso manter a lucidez para não ficar extasiado pelo próprio reflexo no lago, deixando cegas as circunstâncias favoráveis e deixando passar as oportunidades.

Saúde: Esmagadora vitalidade, o sucesso e a admiração são combustíveis poderosos. Precaução com as "baixas" energéticas e anímicas.

Espírito: O talento é reconhecido e os esforços são recompensados, mas é preciso ter prudência porque o excesso de sucesso tem os seus riscos espirituais, surge o medo à decepção e ao declive ou, então, aparece o narcisismo e a falsa sensação de que já não é mais preciso se esforçar e crescer. Porém, se a energia é canalizada, pode se aproveitar para experimentar a alegria e o amor no seu sentido mais universal e, portanto, a paz e a harmonia. O trompete traz também ecos bíblicos do juízo final, o céu e o abismo ao nosso alcance. O esplendor ilumina ou deixa as pessoas cegas.

Síntese: A carta, em termos gerais, é uma carta muito positiva, mas é preciso não esquecer dos conselhos dados, nos parágrafos anteriores. Não obstante, é indiscutível que a colheita trará frutos muito suculentos. Tudo é possível, o consulente é uma pessoa mimada pelos deuses que joga com ótimas cartas. O sucesso está ao seu alcance, os seus sonhos tornam-se realidade. É preciso abrir o passo a estandartes e trompetes porque chegou o momento da glória e dos aplausos.

44 - A Tranformação

44 – A TRANSFORMAÇÃO

Uma coroa flutua sobre uma pequena roda alada. A roda simboliza a esperança, o contínuo relacionamento, as asas simbolizam elevação e a capacidade de voo e de adaptação e a coroa é força e poder. Essa carta tem muitas semelhanças com a roda da fortuna do tarô tradicional. Fala, portanto, de dinamismo, de transformações, dos ciclos da vida e da capacidade de adaptação a esses ciclos. Também fala do azar em um sentido positivo (golpes de sorte ou carambolas cósmicas, isto é, resultados afortunados obtidos por casualidade). Há uma ordem cósmica no devir dos acontecimentos, mesmo que alguns deles pareçam insignificantes.

Sentimentos: A alma gêmea pode aparecer quando e onde menos é esperada. Essa é carta dos amores à primeira vista e, se o relacionamento já estiver estabelecido, indica que o mesmo evoluirá rapidamente. Ao se considerar que é uma carta de azar, no âmbito das relações vaticina coincidências, encontros providenciais, como se tudo conspirasse para que o encontro se produzisse. O consulente deve ficar atento aos sinais que aparecem no ambiente e aberto ao novo. Podemos encontrar algo muito agradável do nosso lado ou mais perto do que imaginamos.

Profissão: Mudanças inesperadas, porém, muito positivas. Os ventos sopram ao favor do consulente no âmbito profissional; surpresas oportunas que vão trazer alívio e motivação (poderia ser, por exemplo, um ingresso imprevisto, benefícios não esperados). Trata-se de um momento dinâmico com muitas oportunidades. Se você tem sofrido um péssimo momento profissional, chegou o momento de superar facilmente as dificuldades graças à boa sorte, ou a uma intervenção muito propícia. Boa sorte na bolsa, nos investimentos e nos jogos de azar.

Saúde: Sistema imunitário reforçado e recuperação da energia e da vitalidade perdidas em etapas menos afortunadas.

Espírito: As mudanças não devem ser temidas, pelo contrário, é preciso abraçá-las feito oportunidades e também, porque não, como apaixonantes aventuras. Essa carta indica que a mudança flui de maneira natural, não é preciso forçá-la nem procurá-la, pois vai chegar sem precipitação e será liberadora. Aconselha-se atenção e recepção, sem resistência. As asas e a coroa que ornamentam a roda da mudança falam da energia divina e representam o sublime, o vitorioso, portanto, você não deve temer nada, apenas respire e flua.

Síntese: A circunferência é a manifestação do fluir contínuo dos acontecimentos. A Roda da Fortuna simboliza a mudança, o movimento e a transformação. Cada princípio leva a um final e, em cada final está o germe do recomeço. Essa carta ilustra os vaivéns, os altos e baixos da vida e as voltas inesperadas na história pessoal do consulente (inesperados e, contudo, esperáveis já que nada permanece). Em interpretação mais geral é uma carta positiva, que fala de oportunidade e de confluência de circunstâncias favoráveis.

45 - A Felicidade

45 – A FELICIDADE

A estrela é sempre um símbolo bom associado aos sonhos e à felicidade e também ao romanticismo. A aparição dessa carta augura felicidade e amor. Além disso, a coroa que aparece sobre a estrela encarnada simboliza a proteção e, portanto, trata-se de uma felicidade sólida, autêntica, duradoura, não de uma alegria efêmera. É uma carta excelente, sem dúvida, uma das melhores do Tarô. A energia da felicidade é inesgotável e proporciona a energia e a lucidez que você precisa para se decidir e percorrer o caminho até os seus sonhos.

Sentimentos: A cor da estrela que aparece na carta é muito eloquente – vermelho paixão – e além disso em uma das suas pontas, como se fosse uma ave dourada, tem sido colocada a coroa alquímica que protege, empodera e transforma. O consulente atravessa uma fase carismática em que irradia e inspira amor. No âmbito dos afetos essa carta é indício de sentimentos profundos e sinceros. Anuncia harmonia familiar e felicidade conjugal e promete novos encontros enriquecedores e fascinantes. Relações radiantes tanto na amizade quanto no amor, plenas, cheias de alegria e cumplicidade. Risos, espontaneidade, eventos agradáveis (matrimônio, compromisso, nascimento).

Profissão: Momento agradável também no âmbito profissional. Parabéns, felicitações, promoções e aproveitamento vocacional. Relações de trabalho harmônicas, tanto no sentido vertical (com superiores e subalternos) quanto no sentido horizontal (colegas, sócios). É uma carta relacionada diretamente com a arte e a beleza. O consulente atravessa um momento de exultante energia criativa e, se tem uma profissão artística ou relacionada com a criação viverá um momento promissor e repleto de alegrias.

Saúde: Excelente saúde tanto no aspecto físico quanto psicológico. Energia, vitalidade, dinamismo. Aspecto radiante.

Espírito: Na noite tranquila a suave luz das estrelas indica o caminho correto e o abençoa. Nesse cenário, o consulente poderá empregar todo seu potencial. Profunda paz surge do seu interior e sente que tudo flui como deveria. Essa carta marca o começo de um ciclo em que a chave estará representada pela atitude positiva, atitude que abrirá todas as portas e fará com que se tornem retas todas as curvas. Nova etapa de plenitude, alegria e clareza mental em que se eleva a vibração do ser e se entra em comunhão com tudo o que vibra ao mesmo nível.

Síntese: A vida é bela. O prazer de viver não é um simples deleite ocioso, também é energia e motor para um mundo melhor. É difícil alguém que seja feliz pensar em magoar, em guardar rancores e ressentimentos e ser agressivo ou violento. O universo nesse momento oferece uma mão generosa, cheia de amor, e se nós a aceitarmos, acontecimentos salutares, criativos e apaziguadores se unirão em um ciclo maravilhoso de causa e efeito.

Cartas sob a influência de Saturno

Deus da agricultura e da colheita, relacionado com a passagem do tempo e dos ciclos da existência. Saturno aparece como um idoso de barba branca, mas de corpo forte e musculoso. Na mão tem uma foice ou uma gadanha. Equivalente ao Cronos grego simboliza o tempo inexorável que acaba com tudo. As cartas sob a sua influência são cartas muito negativas, não obstante, todas elas tenham nuances muito reveladoras e positivamente canalizáveis. Falam de limites, restrições, obstáculos e atrasos, mas sem esquecer o imenso poder da paciência e a força de vontade. São as seguintes: 46- O Infortúnio, 47 – A Esterilidade, 48- A Fatalidade, 49- A Graça, 50- A Ruína, 51- O Atraso, 52- O Claustro ou Encerramento.

46 - O Infortúnio *(A Má Sorte ou A Desgraça)*

46 – O INFORTUNIO

Uma idosa sem sapatos e encurvada pede esmola apoiada em uma muleta e avança com muita dificuldade. A imagem e o nome não deixam espaço para as dúvidas. Essa é uma carta obscura, uma carta que fala de adversidade e miséria. A fortuna não está do lado do consulente que, em relação ao objeto da consulta, deveria pensar em uma pausa, uma retirada ou mudança de direção. O restante das cartas da tiragem mostrarão algumas nuances em relação à gravidade do fato e ao nível de extremismo das medidas que o consulente deverá tomar. A muleta sobre a qual está apoiada a idosa simboliza o apoio necessário para avançar e indica a necessidade de pedir ajuda com humildade quando as provas e as calamidades nos superam.

Sentimentos: A tristeza e a desolação que acompanham essa carta se traduz, no âmbito afetivo, em relações pobres, fracas que não nutrem nem ajudam a crescer, na solidão em um relacionamento, na amizade cheia de sentimentos de incompreensão, na falta de comunicação. No que diz respeito aos relacionamentos, pode indicar também algum tipo de decepção ou desengano. Ou, por outro lado, relações que não fluem de maneira natural, que estancam, relações "de mendicidade" nas quais uma das partes perde de forma progressiva a própria dignidade.

Profissão: A solidão no âmbito laboral manifesta-se por falta absoluta de apoio, contratos não cumpridos, condições decepcionantes, diminuição de salários. A decepção nesse âmbito pode assumir a forma de um emprego prometido que não chega ou de um projeto abortado. O panorama pode chegar a ser desolador nesses momentos, mas assim como comentamos na descrição dessa carta, é possível encontrar um apoio (o símbolo da muleta). Não é o momento para o orgulho ou a desídia, se é preciso pedir ajuda, é preciso fazê-lo com dignidade para avançar, mesmo que seja difícil e, por vezes, esgotador.

Saúde: Perda de energia, esgotamento físico e mental. Envelhecimento prematuro, oxidação orgânica devido ao estresse.

Espírito: Mesmo que os problemas e as dificuldades cumpram uma função evolutiva, a tristeza paralisa e é necessário não se deixar levar por ela. No âmbito espiritual, essa carta tem uma nuance mais positiva que no resto das esferas. Fala de confiar na ajuda divina (independentemente do critério que cada um tem sobre a divindade) e de buscar a benevolência no entorno. A carta do infortúnio aconselha parar e refletir no por quê da pessoa chegar a essa situação. Dessa forma, uma vez identificada a origem, será possível desfazer o caminho e sair das trevas. A dor é inevitável e o sofrimento é optativo, inútil e paralisante.

Síntese: A idosa solitária e mendicante como representação dos momentos mais desesperados. Uma carta que anuncia adversidades de todo tipo, contudo, o nível de dramatismo dessas adversidades será determinado por meio do significado das demais cartas da tiragem. Fala de solidão, isolamento e fracasso. Contudo, perante esse panorama há somente duas opções e a decisão final está nas mãos do consulente: se deixar vencer ou crescer, pedir ajuda se necessário, e seguir avançando. A chave não está naquilo que nos acontece, mas sim em como reagimos ao que nos acontece.

47 - A Esterilidade

47 - A ESTERILIDADE

A imagem que aparece nessa carta é simples, mas eloquente: uma árida ilha no meio do nada. A carta da esterilidade faz referência ao estancamento, às dilações e aos bloqueios. Projetos que não dão frutos, situações áridas ou desoladas, planos quiméricos, causas perdidas. A única coisa a ser feita numa ilha deserta e pouco acolhedora, aparte inventar meios para sobreviver, é aproveitar para refletir muito, já que é a alternativa que resta.

Sentimentos: No âmbito dos sentimentos pode se referir a alguém inacessível ou a um relacionamento em dificuldades, sem possibilidade de comunicação, gerando situações tensas, tumultuadas. Os relacionamentos afetivos (não apenas românticos, também de amizade ou familiares) têm se tornado uma rotina, não enriquecedores e nos quais praticamente não há diálogo e, quando há, resulta estéril. Não há fluidez, não há um código comum, não há cumplicidade.

Profissão: Estancamento e atrasos. Se a consulta é empresarial haverá um período em que diminuirão a produção ou as vendas e, portanto, haverá escassez dos benefícios. Em caso de trabalho autônomo, a esterilidade fala de falta de motivação vocacional, de uma carreira estagnada, de falta de entusiasmo. Também pode se referir a atraso salarial. Em geral, pode falar de algo transitório e, portanto, é preciso evitar o desespero e aproveitar a pausa para colocar em ordem as ideias e os objetivos e "fazer uma limpa".

Saúde: Se faz referência à saúde, essa carta normalmente está relacionada a doenças crônicas ou que requerem longo tratamento. Também pode oferecer uma mensagem literal: problemas de fertilidade e, no caso das mulheres, por extensão, problemas ginecológicos.

Espírito: Uma ilha deserta também pode simbolizar um refúgio interior, um lugar de profundo recolhimento. É o momento de parar e entrar em introspeção. Talvez o consulente esteja atravessando uma etapa de falta de objetivos, de falta de interesse pela existência e, nesse caso, a carta aconselha reflexão e desapego. É necessário desapegar do externo, afastar-se do mundo "civilizado" para alcançar o autêntico ser.

Síntese: Carta geralmente negativa que anuncia bloqueios, iniciativas frustradas, sensação de inutilidade. Talvez o consulente se sinta impotente perante as limitações imprevistas. A mensagem, em princípio é triste, mas o difícil período pode ser canalizado aproveitando-se o impasse para a reflexão e a reformulação de planos. Não se trata de vegetar, simplesmente é um momento em que não há ação, mas requer presença, foco. Também simboliza o isolamento e/ou a austeridade, o autoengano.

48 - A Fatalidade

48 – A FATALIDADE

Um homem com barba, vestido com indumentária que se assemelha a uma toga vermelha e leva na mão direita uma enorme gadanha e na esquerda um látego. Essa carta está associada com a mudança, o castigo e a redenção. Seria equivalente em alguns aspectos à carta da morte no tarô tradicional e, como ela, mais do que morte literal, fala de transição de estado, em um contexto nada agradável. É verdade que anuncia um fim, mas em um sentido muito mais amplo. Isso mostra, sem dúvidas, mudança radical, normalmente inesperada e, com frequência, dolorosa. Também tem sido interpretada em ocasiões como a representação de Cronos, personificação mitológica do tempo, contra o qual é inútil lutar.

Sentimentos: Separação, ruptura, não somente amorosa, mas também de uma amizade que naufraga. O látego que o personagem segura na mão esquerda simboliza as palavras que ferem e provocam mágoas, intransigência, dureza. Entretanto, é sempre uma carta contundente que indica um momento intenso e crucial no âmbito das relações afetivas. Contudo, a fatalidade entendida como predestinação também pode se referir a um encontro providencial, a duas almas destinadas a se unir.

Profissão: Fim de uma etapa laboral, seja por renúncia ou pelo fato de ter sido mandado embora. Por opção voluntária, talvez tenha sido pouco meditada e surja de um impulso momentâneo em uma situação de pressão. Em definitiva, mudança radical no âmbito profissional; também pode se referir a uma aposentadoria ou a uma mudança de setor. Na sua interpretação mais positiva (dependendo das cartas que a acompanham) a mudança ou o final estarão acompanhados de uma liberadora sensação de alívio. De acordo com o ponto ou assunto concreto da consulta, também pode fazer referência a condições não negociáveis em um contrato ou em um projeto que não deixam nenhuma margem de movimento e impliquem a opção de pegar ou deixar.

Saúde: Estado de cansaço e falta de energia, tendência depressiva fatalista. Essa carta aconselha não desanimar e se deixar levar por esses sentimentos, sobretudo se existem riscos hereditários.

Espírito: Talvez o consulente esteja vivendo um momento de resignação em que sente ter perdido o espírito de luta. Como comentei na descrição da carta, essa carta é equivalente ao arcano da morte no tarô tradicional e como tal, no plano espiritual, pode se referir à "morte" de uma parte de nós mesmos, talvez um estilo de vida, a inocência ou talvez um sonho. Para que a verdade interior seja revelada, será necessário perder algo e se há coragem para aguentar tudo, a renascença pode ser esplendorosa. A gadanha lembra que é preciso arrancar as más ervas antes de plantar o jardim dos sonhos. Fatalidade, não há espírito de luta, apenas resignação.

Síntese: Às vezes, situações consideradas dramáticas, com o tempo descobre-se que eram necessárias e positivas. Às vezes, uma perda com o passo do tempo se entende como liberação, como uma oportunidade de renovação total. Essa carta normalmente se refere a um acontecimento inevitável que formará parte do devir cíclico da própria existência. A vida é uma cadeia de pequenas mortes e pequenas renascenças, de começos e fins.

Por cada despedida, há uma bem-vinda e, de uma perda canalizada positivamente podem surgir a criatividade e a reinvenção de cada um de nós. Toda morte também é um descanso e com toda morte se completa algo.

49 - A Graça

49 – A GRAÇA

Em diferentes culturas e tradições, a pomba está associada com a paz e com a espiritualidade e o triângulo simboliza a sabedoria e a perfeição. A imagem central da carta é uma pomba circundada de luz que descende voando. A imagem está dentro de um triângulo com o vértice voltado para cima que indica elevação. Dessa forma, o conjunto fala de intuição súbita e tem certo ar de proteção divina. Estar em estado de graça é viver circundado pelo manto amoroso da divindade. Não se trata necessariamente de uma interpretação religiosa, o sentido metafórico é claro. Carta muito positiva.

Sentimentos: Sentimentos que pertencem mais ao plano espiritual que ao físico. É a carta das relações serenas, de total confiança. Associa-se com a pureza, o polo oposto das relações tormentosas e passionais. Pode se referir, concretamente, a um relacionamento abençoado pelas circunstâncias e entorno, e se a carta na tiragem representa a uma pessoa (familiar, companheiro/a, amigo) trata-se de uma pessoa compreensiva, repleta de compaixão, tolerância e empatia. A carta da graça é sempre positiva e pode indicar a consecução de um desejo amoroso sentido há tempo. Por fim, acontece o "milagre".

Profissão: A intuição súbita sobre a qual estava falando na descrição da carta se traduz nessa ideia genial que desbloqueia um projeto no momento justo ou que libera do terrível martírio da página em branco. É a carta da inspiração artística, da epifania da criação (se a profissão tem a ver com isso). Em um sentido mais geral, dentro desse âmbito, é a carta dos objetivos profissionais alcançáveis e alcançados. O estado de graça envolve o consulente que vê como os seus projetos se tornam realidade e como melhoram as questões financeiras. Em um sentido mais literal, pode se referir a uma vocação mística ou religiosa.

Saúde: Se há uma doença prévia, a aparição dessa carta numa consulta anuncia melhoria imediata. Em sentido mais geral, indica sempre excelente saúde, um organismo cheio de energia e vitalidade.

Espírito: Como temos visto até agora, a graça é em si mesma uma carta muito espiritual, diretamente relacionada com a iluminação e a proteção divina. Representa uma pessoa muito intuitiva e amorosa, capaz de compaixão profunda. Poderíamos falar de um estado de harmonia e amor universal. É o que no cristianismo se conhece por graça de Deus e no taoísmo por estado zen. Em um sentido mais prático, fala da fé tal qual ferramenta muito poderosa e como nesse estado a mente (e a fé) são criativas: mente sobre matéria, a energia feminina da gestação e do alumbramento.

Síntese: É, sem dúvida, uma das melhores cartas do Tarô, com conotações muito poderosas de proteção e solução de problemas, mesmo em situações desesperadoras. Tocado pela graça, o consulente vai sorteando as dificuldades, ajudado por "casualidades" que são quase mágicas. A metáfora que bem mais definiria essa carta é a metáfora do milagre. O milagre também pode ser entendido por culminação de um processo criativo já que essa carta, como dissemos antes, está intimamente vinculada à inspiração, à arte e à criação.

50 - A Ruína

50 – A RUINA

A ameia da torre de um castelo explode em pedaços. Símbolo claro da destruição, do desmoronamento. É a carta da decadência, do declive. Fala das desilusões, também da velhice e do passo inexorável do tempo. Não obstante, a diferença da carta do acidente, a ruína tem nuance de controle. Em outros termos: metaforicamente significa que se a fortaleza parece estar a ponto de desmoronar, às vezes, é melhor demovê-la de forma controlada e evitar danos maiores.

Sentimentos: Relacionamentos que se rompem, mas não têm por que ser um acontecimento definitivo: talvez, apesar do desastre, o solar e os cimentos ainda estejam intactos e seja possível a reconstrução. A desídia, o desgaste e o consequente abandono estavam provocando a ruína do "prédio" e era necessário tomar algumas medidas. No âmbito familiar, também, às vezes, é necessário explorar e colocar sobre a mesa temas enquistados que se agravam e corrompem. Da mesma forma, no âmbito afetivo, essa carta pode falar de solidão, da falta de comunicação e da desconfiança.

Profissão: Nesse âmbito, pode ser interpretada enquanto ruína empresarial: falência de um negócio por uma gestão ruim ou investimentos nefastos. Também pode se referir a um ponto de partida equivocado. Embora isso, há espaço para a esperança, ao se tratar de localizar o erro e identificar o obstáculo que impeça o crescimento e a reconstrução a partir disso. No terreno profissional, a carta também aconselha "ter as tarefas em dia" para evitar dessa forma a obsolescência e a perda de oportunidades. Em nível mais pessoal, refere-se ao desgaste laboral do consulente. É necessário se renovar ou, chegado o momento, renunciar, aposentar-se e desfrutar.

Saúde: Dificuldade para se recuperar depois de uma doença. Desânimo, depressão. Também pode se referir a problemas inicialmente simples que se tornam graves por falta de atenção. Aptidões minguadas.

Espírito: No plano espiritual essa carta recomenda não perder a confiança, apesar das aparências desastrosas. Aconselha buscar caminhos espirituais para recuperar a serenidade e a fé. Evitar o derrotismo. Também pode se referir ao fato de largar, romper com tudo e começar tudo outra vez. É preciso trocar de página: nem o passado, nem o futuro existem, só existe o aqui e o agora.

Síntese: É tarde para reparar algo, não é suficiente consertar coisas eventuais. É necessário demolir. Reconhecer os erros e reconstruir sobre novas bases, independentemente do âmbito do problema. É o momento de reedificar o que está caindo pelo descuido.

51 - O Retrocesso

51 – O RETROCESSO

Essa carta mostra enorme roda presa no fundo de um barranco. Representa um contratempo que vai nos atrasar em qualquer objetivo ou âmbito da consulta. Um freio repentino e imprevisto limita um assunto que parecia avançar sem nenhuma dificuldade. O obstáculo vai aparecer na metade do caminho que estamos percorrendo, mas talvez seja suficiente evitar esse caminho preestabelecido e mudar a direção. É o momento de manter a mente desperta e não se apegar a nada, mas sim ter todos os reflexos ligados para uma rápida reação.

Sentimentos: No momento em que existam problemas afetivos, dificuldades de comunicação e tensão nos relacionamentos familiares e de amizade, nós teremos dificuldades para nos expressar e desfrutar deles, porque a naturalidade e a proximidade que normalmente os caracterizam têm se perdido. Talvez tenha chegado a hora de fazer uma "poda" e seja preciso fazer pequenos cortes na esperança de que novas flores cresçam fortes e coloridas. No terreno amoroso indica a necessidade de não ter pressa, de não correr e de não queimar as etapas que caracterizam um relacionamento, de não se precipitar, não pressionar nem se pressionar.

Profissão: O negócio ou a carreira não avançam como se esperava, não estão se cumprindo planos nem previsões. As expectativas que um dia nos motivaram, nesse momento parecem ilusórias. É uma carta de transição que fala de restrições em orçamentos ou de paralisação de obras e projetos. Contudo, dependendo das cartas que a acompanhem, o atraso, a inesperada lentidão no avanço, pode também ter uma interpretação positiva: como prova podemos lembrar da fábula da tartaruga e da lebre.

Saúde: Tratamentos que devem se prolongar ou uma evolução mais lenta além do previsto. Também pode se referir ao cansaço mental que provoca confusão e lentidão no raciocínio e diminuição da memória.

Espírito: Os processos psíquicos e espirituais diminuem, mas isso não quer dizer que se tornem mais fracos. Como já expliquei no parágrafo anterior, a fadiga mental traz confusão e isso também acontece no plano espiritual. Trata-se de um impasse um pouco frustrante, mas o espírito sairá fortalecido. Haverá certamente dificuldades e um bloqueio existencial, contudo, a perda de confiança em si mesmo deve ser evitada a qualquer preço. Pelo contrário, é preciso apostar e acreditar nas nossas forças. A busca não chegou a um ponto sem saída, apenas surgiu um contratempo no caminho. Paciência.

Síntese: Mesmo que essa carta se refira a obstáculos e atrasos, na realidade fala da necessidade de encontrar nova concepção, novo enfoque. Nesse sentido, tem a nuance positiva do amadurecimento, um processo no qual os tempos e as cadências são importantes. Não é uma carta essencialmente positiva, mas não se refere a contratempos realmente graves. Os obstáculos serão superados se a vontade não faltar nem falhar.

52 - A Reclusão

52 – A RECLUSÃO

Um muro de pedra e uma grossa grade de aspecto intransponível ilustram essa carta. As grades sempre se associam com a privação da liberdade, com prédios fechados como cadeias e centros psiquiátricos, mas não esqueçamos também de que, às vezes, colocamos grades nas janelas para proteger os nossos lares e que também colocavam nos antigos conventos para evitar mesmo a visão desde a parte exterior. O isolamento pode ser forçado ou escolhido e, no caso em que seja um ato voluntário, não nos esqueçamos de que os medos bloqueiam a ação e que nos fechar demais pode provocar desequilíbrios.

Sentimentos: Essa carta mostra grande dificuldade para sermos compreendidos e para socializar, o que provoca solidão, isolamento, seja físico ou moral, que pode chegar a ser extremo. Melancolia e tristeza relacionadas com o entorno afetivo que podem degenerar numa misantropia. Também pode se referir a uma separação geográfica forçada de um ser querido. Respeito a relacionamentos amorosos não somente se refere à solidão em relação à ausência de um companheiro, mas também a solidão mesmo em companhia. Pode indicar um relacionamento que anula, já que impede de nossa livre expressão, quem realmente se é. Um relacionamento que castra em vez de nutrir e que provoca a sensação de rejeição e de solidão.

Profissão: Geralmente, representa os estudos (especialmente as humanidades, sobretudo a filosofia) e as profissões solitárias, sedentárias e que requerem retiro e concentração: o isolamento do Criador. Não obstante, a consulta pode se referir a qualquer âmbito laboral e, nesse caso, pode significar um trabalho psicologicamente claustrofóbico, sem horizontes nem motivação. Também pode fazer referência a trabalho em lugares fechados ou isolados: prisões, centros psiquiátricos, laboratórios, plataformas, acampamentos científicos. Uma vez mais, o isolamento externo pode levar ao isolamento psicológico.

Saúde: Longa hospitalização. Convalescência longa, repouso obrigatório. Pode se referir a uma lesão que imobiliza. Isolamento por doença infecciosa.

Espírito: Às vezes, a busca interior requer o isolamento do mundo. Quando a pessoa tem perdido a se mesma completamente, o primeiro passo para se encontrar é se isolar porque as principais respostas vêm do interior. Tempo de introspecção em que as práticas meditativas serão de grande ajuda. No mais profundo da sua alma há uma grande sabedoria esperando para ser descoberta. Você a encontrará se conseguir silenciar o externo, assim também todo pensamento frívolo.

Síntese: A melancolia e a solidão também podem dar por fruto a serenidade de espírito e a fertilidade criativa. Em todo ser humano há um jardim secreto cheio de beleza e possibilidades. Entretanto, o excesso de isolamento com frequência é sintoma de medos não resolvidos e de feridas não curadas e, nesse caso, a solidão é perigosa e o indivíduo entra em um vórtice de dor e pensamentos recorrentes. É importante saber a origem e o por quê das grades, saber se são proteção ou cárcere e, no caso de que sejam ou signifiquem proteção, é preciso se perguntar a que se refere essa proteção. Talvez ao se autoproteger você esteja se autodestruindo.

Ciragens

As tiragens e as leituras do Tarô Belline são simples e acessíveis. De fato, é o baralho com o qual muitas cartomantes têm começado as suas atividades. Na sua interpretação, a intuição joga um papel decisivo, já que como temos visto ao longo do manual, a mensagem de cada carta é múltipla e abrange vários âmbitos e enfoques. Além disso, as instruções para as diferentes tiragens são mínimas, apenas se limitam a marcar o valor da posição de cada carta. Todo o resto depende da imaginação intuitiva do leitor. Como comentei no início, o Tarô Belline não pretende predizer o futuro, mas sim ser um instrumento capaz de iluminar nossas construções ocultas, tanto conscientes quanto inconscientes. Nesse sentido, permite ao consulente sentir que está em suas mãos tomar um caminho ou outro. As cartas servem de fio condutor ou de faro, e não sempre se referem a ações ou acontecimentos, também – e com frequência são as leituras mais valiosas – podem evocar estados espirituais ou enviar mensagens sutis sobre as quais é preciso meditar. Lembre-se: mesmo que a mensagem seja aparentemente negativa, o enfoque da interpretação sempre pode ser estimulante. Confie na sua intuição e deixe que o Tarô ilumine o seu caminho.

Alguns exemplos de tiragens

A tiragem mais simples: a tiragem de três é utilizada, sobretudo, para consultar as possíveis consequências de uma decisão, mas a sua simplicidade faz dela uma tiragem apta para todo tipo de consultas.

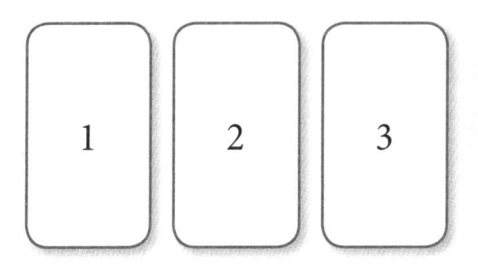

- Carta 1: O que está ao seu favor
- Carta 2: O que está contra
- Carta 3: Resultado final

A tiragem de nove cartas

Essa tiragem é recomendada para as consultas menos específicas. Essa tiragem oferece de maneira simples uma panorâmica geral.

- Primeira linha: o passado do consulente
- Segunda linha: o momento presente
- Terceira linha: o que está por vir ou o futuro

Leitura: é preciso ver primeiramente a carta central de cada linha (a 2 da linha do passado, a 5 da linha do presente e a 8 da linha correspondente ao futuro). Nela está a essência da mensagem, enquanto que as duas cartas laterais são suplementais, isto é, mostram nuances e ajudam a concretizar a leitura.

Tiragem mensal

Essa seria a tiragem equivalente a um horóscopo mensal e abrange todos os âmbitos da vida do consulente.

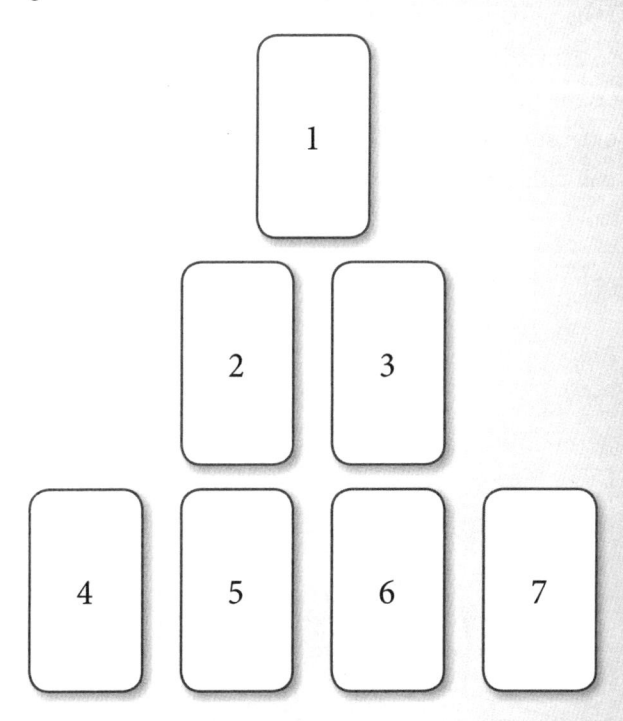

- Carta 1: representa o consulente
- Cartas 2 e 3: Estão relacionadas ao âmbito das emoções. Falam sobre as relações familiares, a amizade e o amor, assim também do estado de ânimo e de espírito da pessoa.
- Cartas 4 e 5: Estão relacionadas ao âmbito das ideias e da ação. Falam da profissão, dos estudos, da criatividade e dos empreendimentos.
- Cartas 6 e 7: Estão relacionadas com as coisas práticas e matérias. Falam da situação financeira, de investimentos, de operações mercantis e de operações de compra e venda.

Tiragem astrológica

Essa tiragem está baseada nas doze casas astrológicas que representam as diferentes áreas da vida. É uma tiragem muito pessoal; nela se expressa todo o universo do consulente, a sua leitura não só é divinatória ou de orientação, mas também é caracterial.

A numeração corresponde à ordem da colocação das cartas que o consulente vai escolher (depois de embaralhar e cortar) e que coincide com a numeração das casas.

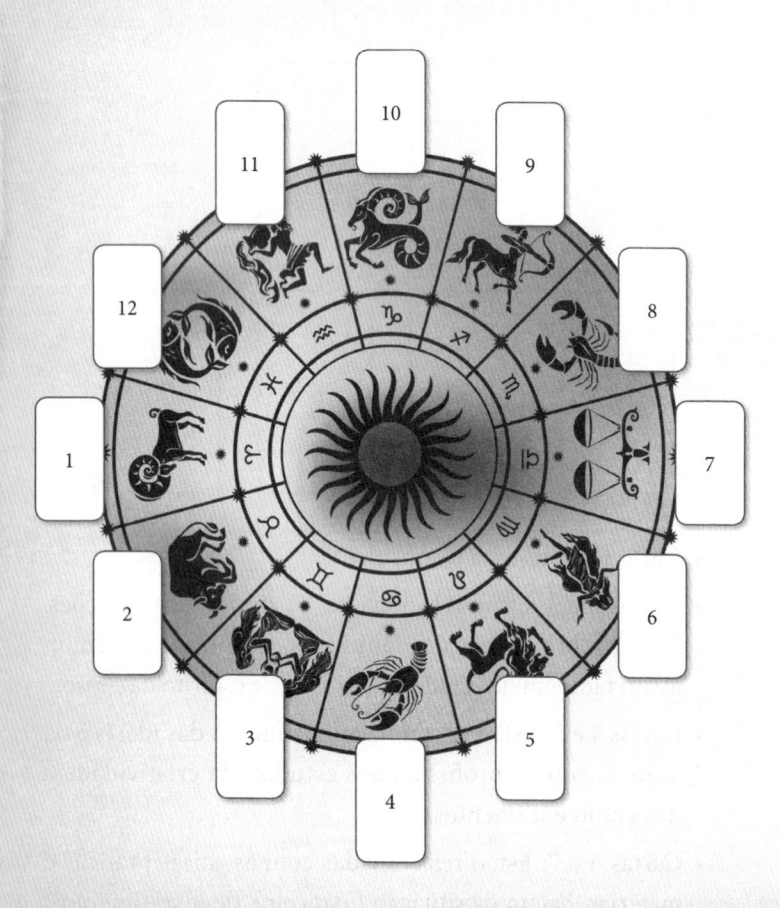

A interpretação de cada carta deverá ser feita a partir do significado astrológico de cada casa:

- Casa I: A personalidade, o eu (o ser)
- Casa II: O dinheiro, os bens materiais (o possuir)
- Casa III: A Comunicação, a inteligência, os estudos, a arte
- Casa IV: A família, os ancestrais, a herança, a infância
- Casa V: A criatividade, a energia vital, os sentimentos,
- Casa VI: A saúde e a sobrevivência (inclui o âmbito laboral)
- Casa VII: As relações sociais, o matrimônio
- Casa VIII: O sexo, a transformação
- Casa IX: Os horizontes (tanto geográficos quanto intelectuais), as viagens
- Casa X: A profissão, o status
- Casa XI: A amizade, o altruísmo
- Casa XII: A espiritualidade, o misticismo

No momento de fazer a leitura das cartas é importante levar em consideração a íntima relação que existe entre algumas casas e, portanto, entre algumas cartas:

As Casas II e X

- As Casas I, VI, VIII e IX (tudo o que se refere ao consulente como indivíduo)
- As Casas III, IV, V, VII e XI (tudo o que se refere ao consulente como ser social)

Dicas de Leitura

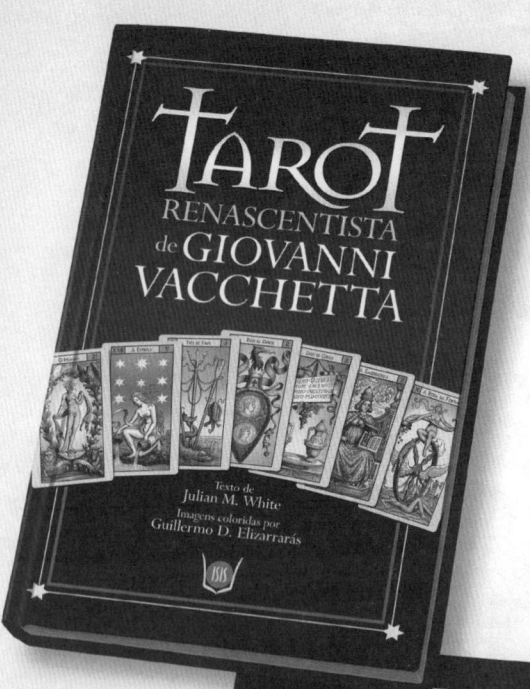

TAROT
RENASCENTISTA
de GIOVANNI VACCHETTA

Texto de
Julian M. White
Imagens coloridas por
Guillermo D. Elizarrarás

O
TAROT
DE
MAR
SELHA

Julian M. White